CB001106

MALLARMÉ

Coleção Signos
Dirigida por Augusto de Campos

Equipe de realização – Revisão: Mary Amazonas Leite de Barros; Capa: Décio Pignatari e Maria Cecília Machado de Barros; Produção: Ricardo W. Neves, Sergio Kon e Juliana Sergio.

MALLARMÉ

Augusto de Campos
Décio Pignatari
Haroldo de Campos

Dados Internacionais de Catalogação na Publicação (CIP)
(Câmara Brasileira do Livro, SP, Brasil)

Campos, Augusto de
    Mallarmé / Augusto de Campos, Décio Pignatari, Haroldo de Campos. — São Paulo : Perspectiva, 2013.
    — (Coleção signos ; 2 / dirigida por Augusto de Campos)

    3. reimpr. da 4. ed. de 2010
    ISBN 978-85-273-0319-4

    1. Mallarmé, Stephane, 1842-1898 - Crítica e interpretação 2. Poesia francesa - História e crítica I. Pignatari, Décio. II. Campos, Haroldo de. III. Título. IV. Série.

06-3542   CDD-841

                Índices para catálogo sistemático:
                1. Poesia : Literatura francesa 841

4ª edição – 3ª reimpressão
[PPD]

Direitos reservados à
EDITORA PERSPECTIVA LTDA.
Av. Brigadeiro Luís Antônio, 3025
01401-000 São Paulo SP Brasil
Telefax: (011) 3885-8388
www.editoraperspectiva.com.br

2019

Sumário

Nota Introdutória 13

MALLARMARGEM – Augusto de Campos 17

Interlunar (Maranhão Sobrinho) 19
Stefânio Maranhão Mallarmé Sobrinho 20
Mallarmé: o Poeta em Greve.. 23

Poesias (1864-1895) 31
    Salut 32
    Brinde
    Une négresse par le démon secouée 34
    Uma negra que algum duende mau desperta
    Las de l'amer repos… (fragment final) 36
    Cansado do repouso amargo… (fragmento final)
    Le Sonneur... 38
    O Sineiro
    L'Azur.. 40
    O Azul
    Brise Marine 44
    Brisa Marinha
    Sainte... 46
    Santa
    Éventail de Mme. Mallarmé 48
    Leque de Mme. Mallarmé
    Autre Éventail de Mlle. Mallarmé 50
    Outro Leque de Mlle. Mallarmé
    Feuillet d'Album 52
    Folha de Album
    Le Marchand d'Ail et d'Oignons 54

O Vendedor de Alho e Cebola
La Marchande d'Habits 56
A Vendedora de Roupas
Petit Air 58
Pequena Ária
   I – *Quelconque une solitude*
   Alguém uma solitude
   II – *Indomptablement a dû*
Indomavelmente vai
Le vierge, le vivace et le bel aujourd'hui 62
O virgem, o vivaz e o viridente agora
Ses purs ongles très haut dédiant leur onyx 64
Puras unhas no alto ar dedicando seus ônix
Le Tombeau d'Edgar Poe 66
A Tumba de Edgar Poe
An seul souci de voyager 68
À só tenção de ir além de
Toute l'âme résumée 70
Toda a alma num resumo
Une dentelle s'abolit 72
Um rendado se vê desfeito
Quelle soie aux baumes de temps 74
Que seda em bálsamos do tempo
A la nue accablante tu 76
Ante a opressão da nuvem mudo
Eventail (Leque) de Mme. Gravollet 78

TRIDUÇÃO – Décio Pignatari 81

Nota ao fauno 85
L'après-midi d'un fauno 87
A tarde de verão de um fauno
A tarde de um fauno
A sesta de um fauno
Mallarmé – a conquista do impreciso na linguagem poética: uma
tradução de "L'après-midi d'un faune" 107

UM RELANCE DE DADOS – Haroldo de Campos 115

Preliminares a uma tradução do *Coup de Dés* de Stéphane Mallarmé 119
Un Coup de Dés Jamais n'Abolira le Hasard (extra-texto)
Um Lance de Dados Jamais Abolirá o Acaso 149

APÊNDICE 175

Poesia, Estrutura (Augusto de Campos) 177
Poema, Ideograma (Augusto de Campos) 181
Lance de olhos sobre *Um Lance de Dados* (Haroldo de Campos) 187
Caos e Ordem: Acaso e Constelação (Haroldo de Campos) 193
Uma profecia de Walter Benjamin 205
Le tombeau de Mallarmé (Erthos Albino de Souza) 207

Nota Introdutória

Mais de 20 anos de trabalho em conjunto – *Noigandres 1* surge em 1952 – conduzem a este nosso, agora, Mallarmé: tradução em triálogo, tridução (Décio dixit), palavras da tribo, tributo. E depois de Pound (*Cantores*), cummings (*10 poemas*, um solo, Augusto performing), Joyce (*Panaroma*, a duas vozes, i fratelli De Campos, turgimanos siamesmos), novamente o trio em tríptico: um Mallarmé que vem sendo trigerido desde os anos 50 completa agora o quadrante da circunviagem: paideuma, quadrívio.

Registros

A capa e a programação visual do volume são de Décio Pignatari e de sua colaboradora Maria Cecília Machado de Barros, a quem se deve também o retrato de Mallarmé (p. 9), executado com os mesmos recursos utilizados no *design* da capa. Para a conversão do projeto tipográfico em realidade foi decisiva a colaboração de Lúcio Gomes Machado.

O poeta e engenheiro Erthos Albino de Souza contribuiu para esta edição com as *variações gráficas* executadas por meio de computador, que integram seu poema "Le tombeau de Mallarmé". Erthos elaborou um programa sobre distribuição de temperaturas, cujo resultado visual evoca um "túmulo" ou uma "esteia". Alterando apenas um fator, os gráficos se tornam diferentes, permitindo uma enorme variedade de soluções. "Obtive os gráficos – esclarece o autor – resolvendo um problema de física que trata da distribuição de temperatura em uma tubulação de seção quadrada dentro de outra tubulação também quadrada. Na tubulação interna corre um fluido aquecido a uma determinada temperatura constante para cada gráfico. Na parte inferior temos uma temperatura de zero graus centígrados, que gradativamente se eleva no sentido vertical. Em uma das versões obtive temperaturas de 0, 20, 40 etc. até 200°cgr, ocasião em que aparecem todas as letras do nome de Mallarmé, cada letra correspondendo a um *range* de temperatura (desde M = zero até E = 200°cgr). Pode-se assim conseguir um número quase infinito de gráficos, bastando considerar pequenas variações de temperatura. Se a variação fosse de 1 (um) grau, teríamos 201 gráficos diferentes."

A "sereia art-nouveau" de Odilon Redon é a reprodução fotográfica de uma das três litografias executadas pelo artista para a edição do *Un Coup de Dés* a ser publicada em forma de livro. Mallarmé, pouco antes de morrer, corrigiu provas dessa projetada edição, que nunca chegou a ser dada à luz. As provas do texto e das litografias, muito tempo consideradas perdidas, foram afinal recuperadas. Publicou-as pela primeira vez, juntamente com as ilustrações de Redon, Robert Gréer Cohn em seu *Mallarmé's Masterwork: New Findings*, 1966. Seguindo uma pista de Gréer Cohn, pude consultar em maio de 72 (em comovida visita, juntamente com Octavio Paz), uma outra coleção constituída por 4 jogos de provas (com correções do próprio punho de Mallarmé), adquirida pela Houghton Library da Universidade de Harvard. Graças aos bons ofícios de meu amigo Prof. David T. Haberly, obtive daquela Biblioteca uma fotografia da "sereia" de Redon e a permissão para utilizá-la neste volume. Fica assim restituída ao leitor a evocação redoniana da "estatura frágil tenebrosa / ereta / em sua torsão de sereia" que irrompe na página mallarmaica.

São Paulo, outubro de 1972
Haroldo de Campos

MALLARMÉ

Interlunar

Entre nuvens cruéis de purpura e gerânio,
rubro como, de sangue, um hoplita messênio
o Sol, vencido, desce o planalto de urânio
do ocaso, na mudez de um recolhido essênio…

Veloz como um corcel, voando num mito hircânio,
tremente, esvai-se a luz no leve oxigênio
da tarde, que me evoca os olhos de Estefânio
Mallarmé, sob a unção da tristeza e do gênio!

O ônix das sombras cresce ao trágico declínio
do dia que, a lembrar piratas do mar Jônio,
põe, no ocaso, clarões vermelhos de assassínio …

Vem a noite e, lembrando os Montes do Infortúnio,
vara o estranho solar da Morte e do Demônio
com as torres medievais as sombras do Interlúnio…

MARANHÃO SOBRINHO

Stefânio Maranhão Mallarmé Sobrinho

veloz como um corcel, voando num mito hircânio,
tremente, esvai-se a luz no leve oxigênio
da tarde, que me evoca os olhos de estefânio
mallarmé, sob a unção da tristeza e do gênio!

da "tumba de edgar allan poe" (16 -11-1875)
a essa hommage enigmagem
do simbolista maranhense
maranhão sobrinho
(1879-1916)

"interlunar" –
soneto magnífico
em ânio ênio ínio ônio únio
ao supremo mestre

stéphane mallarmé
maranhão sobrinho

papéis velhos....
roídos pela traça do símbolo (1908)
estatuetas (1909*)*
vitórias-régias (1911)
e sabe lá quantos inéditos
roídos pela traça do tempo...

em "poetas malditos"
também lá te encontrei, tristan corbière, nas grutas
do demônio, cantando umas canções remotas
como o oceano, que morde as praias de oiro, enxutas,
no virente esplendor das vivas bergamotas...

e um raro alexandrino
gertrudesteiniano:

satã satã satã satã satã satã

rose is a rose is a rose is
um soneto de rosas rosas rosas:

rosas no céu, rosas nas cercas, rosas
nos teus ombros e rosas no teu rosto,
rosas em tudo, e há chagas veludosas
de rosas cor de rosa no sol-posto...

augusto dos anjos assinaria isto:

e, na lama, que a lesma azul meandra de rugas,
rojando-se, em espirais de gelatina, enormes
arrastam-se, pulsando, as moles sanguessugas...

riqueza de aliterações, quase anagrâmicas
às vezes: *lama-lesma*,
semipalíndromos silábicos:
lesma-moles,
espelhos

stéphane maranhão
mallarmé sobrinho

e o *chocalhar sacrílego dos dados*

com estes fragmentos escoramos
these fragments we have shelved
against our ruins
as ruínas da vitória

papéis velhos... roídos pela traça
farrapos de seda
sem esperança nem temor

com gregório, sousândrade, kilkerry
aos voos da blasfêmia esparsos no futuro
bright brazilians blasting at bastards

Mallarmé: o poeta em greve*

Sob os títulos "Poesia, Estrutura" e "Poema, Ideograma", publiquei, em 1955, dois artigos apontando *Un Coup de Dés*, de Mallarmé, como o limiar da nova poesia[1]. No primeiro, dedicado à análise do poema, eu afirmava a certa altura: "Mallarmé é o inventor de um processo de organização poética cuja significação para a arte da palavra se nos afigura comparável, esteticamente, ao valor musical da série, descoberta por Schoenberg, purificada por Webern, e através da filtração deste, legada aos jovens compositores eletrônicos, a presidir os universos sonoros de um Boulez ou um Stockhausen. Esse processo se poderia exprimir pela palavra *estrutura*". No segundo, que incorporava à inovação mallarmeana as conquistas formais de Pound, Joyce e cummings, eu concluía: "as subdivisões prismáticas dá Ideia de Mallarmé, o método ideogrâmico de Pound, a simultaneidade joyciana e a mímica verbal de cummings convergem para um novo conceito de composição – uma ciência de arquétipos e estruturas; para um novo conceito de forma – uma ORGANOFORMA – onde noções tradicionais como início, meio, fim, silogismo, tendem a desaparecer diante da ideia poético-gestaltiana, poético--musical, poético-ideogrâmica de ESTRUTURA".

Hoje, quando se fala tanto em "estruturalismo", fala-se também entre nós do "famoso poema de Mallarmé" como coisa consabida e indiscutível. Naquela época, no entanto, tais postulações eram novas. Os nossos melhores conhecedores da literatura francesa, como Sérgio Milliet, tinham o poema, segundo a tradição de Thibaudet, como um "inevitável

---

* Este trabalho, agora ligeiramente ampliado para servir de introdução ao conjunto das minhas traduções de Mallarmé, foi originalmente publicado no Suplemento Literário de *O Estado de São Paulo*, de 30-9-67. Acompanhavam-no, então, apenas as traduções de "Salut", "Éventail", "Un Autre Éventail", "Toute l'Ame Résumée", "Au Seul Souci de Voyager", "Quelle Soie Aux Baumes de Temps" e "A La Nue Accablante Tu".
1. *Diário de São Paulo*, 20-3-55 e 27-3-55. Ver, no Apêndice, a reprodução integral desses dois artigos.

fracasso"[2]. E tanto ele, como outros, não se cansaram de repetir a mesma objeção contra a *poesia concreta*, quando compreenderam que esta reencetava a aventura do *Lance de Dados*.

Na verdade, a revisão de *Un Coup de Dés* é relativamente recente e só tomou corpo com a divulgação, já na segunda metade do século, dos grandes tratados sobre o poema: *L'Oeuvre de Mallarmé: Un Coup de Dés* (1951), de Robert Gréer Cohn, a meu ver a mais lúcida interpretação do poema; *Vers Une Explication Rationnelle du Coup de Dés* (1953), de Gardner Davies; *Traité de Poétique Supérieure – Un Coup de Dés* (1956), de Claude Roulet; *Joyce et Mallarmé* (1956), de David Hayman (comparação entre *Finnegans Wake* e *Un Coup de Dés*, a partir da hipótese lançada por Gréer Cohn de que o poema de Mallarmé teria mais em comum com FW do que com qualquer outra criação literária)[3]. De se observar que, à exceção de Roulet – o primeiro a tentar uma exegese cerrada do poema, embora perturbada por fixações bíblicas e religiosas – os demais são críticos não-franceses. Depois veio a descoberta do derradeiro legado de Mallarmé – o "livro" inacabado que Jacques Scherer divulgou em 1957 e que viria reforçar ainda mais a importância daquele poema-chave com que o mestre francês, no instante mesmo da passagem do século, epitomiza todo um ciclo de séculos literários e lança os dados de uma nova arte. Dessa revisão de Mallarmé participou a *poesia concreta* desde os primeiros momentos, e não apenas com reflexões críticas, mas com a própria criação poética, pois que se propôs, inclusive, o desafio de tornar efetiva a hipótese lançada com os dados mallarmaicos: "Sem presumir do futuro o que sairá daqui, NADA ou quase uma arte". Haroldo de Campos, por exemplo, já em 1952, num poema como *Orfeu e o Discípulo* (divulgado pela primeira vez na revista *Habitat* nº 21, março-abril 1955), ensaiava uma composição tendo em conta os novos parâmetros visuais e sintáticos do *Lance de Dados*.

Tanto bradamos, tanto brigamos pelo poema de Mallarmé que ele passou a ser reconsiderado pela crítica nacional, salvo – é claro – algumas desonrosas exceções: os papagaios-herdeiros da crítica impressionista remanescente do século passado, que continuam a "thibaudetear" que o poema é uma "obra falhada", um "admirável

---

2. Cf. Robert Gréer Cohn, *L'Oeuvre de Mallarmé: Un Coup de Dés*, p. 20: "Um resultado característico e lamentável da incompreensão de Thibaudet e toda uma legião de imitadores: Marcel Raymond, etc., *ad nauseam*, foi repetir a ideia do fracasso final de Mallarmé".
3. Reporto-me apenas às datas dos estudos definitivos dos autores citados. Roulet teve editados, antes, quatro ensaios de exegese do poema, o primeiro dos quais data de 1943. R. Grèer Cohn já em 1949 publicava "Mallarmé's *Un Coup de Dés*: an exegesis", embrião do seu trabalho posterior.

fracasso" e despistamentos similares. Mallarmé, entretanto, continua a ser mal conhecido e mal consumido. Se assim não fosse, não ocorreria o que ocorre com a poesia brasileira, quase toda ela, ainda, num estado simultaneamente "pós-modernista" e pré-mallarmaico. Ora, Mallarmé é, precisamente, o ponto extremo da consciencialização da crise do verso e da linguagem. Não é possível chegar ao novo sem passar por esse cabo das tormentas e/ou da esperança da poesia. De resto, há toda uma linha privilegiada na moderna poesia de língua portuguesa que não se entende sem Mallarmé. Pense-se em Fernando Pessoa e Mário de Sá-Carneiro (especificamente o Fernando Pessoa dos sonetos de "Passos da Cruz" e o Sá-Carneiro que, em defesa do cubismo, escreve ao primeiro: "Entretanto, meu caro, tão estranhos e incompreensíveis são muitos dos sonetos admiráveis de Mallarmé. *E nós compreendemo-los*". Pense-se em Pedro Kilkerry, em Drummond (o Drummond de "Áporo", "Claro Enigma" e "Isso é Aquilo"), no João Cabral de "Anti-Ode" e "Psicologia da Composição".

Entre nós, um dos poucos retratos atualizados de Mallarmé se deve a Mário Faustino, na página publicada em 1957 no *Jornal do Brasil* e republicada em *Coletânea 2* (cinco ensaios sobre poesia), livro póstumo, em 1964, sob o título singelo de "Stéphane Mallarmé". Relendo esse trabalho, vejo como ainda é vivo e instigante – a melhor introdução didática brasileira que conheço a obra de Mallarmé, a despeito de Faustino considerá-la modestamente "simples conversa em torno de alguns aspectos de Mallarmé". Simples conversa, de fato, em jargão jornalístico, poundiano, visando ao leitor comum, mas conversa qualificada, capaz de separar drástica e pragmaticamente o que interessa e o que não interessa ou o que menos interessa da poesia de Mallarmé para o fazer de agora. Suponho, pois, que não será desarrazoado homenagear, aqui, Faustino, trazendo-o como interlocutor a esta nova conversa mallarmaica.

"A um mundo infame, como ainda é o nosso" – diz Faustino – "Rimbaud, que o rejeitava, reagiu rejeitando também a própria poesia. Mallarmé, que o rejeita, reage, refugiando-se na poesia. Em todo um século ninguém é mais poeta; ninguém celebra e personifica mais que ele a dignidade, a nobreza, a divindade da Poesia; ninguém faz tanto da poesia um instrumento, um meio e uma justificação de existir. Ninguém se aproxima tanto quanto ele do Poiêtes, do que faz: seus poemas são atos e são coisas – não apenas celebrações, elogios, louvores ou censuras, ou lamentos. São novas maneiras de ser das palavras e das coisas. Mallarmé, como Rimbaud, recusa viver o mundo que rejeita. Recusando vivê-lo intensamente, recusando fazer nesse sentido imediatamente vivencial a sua Poesia, aproveita seu tempo de vida em três nobres tarefas: a de *criticar* (sempre através do fazer poemas, do *fazer*) uma tradição poética, revivendo-a através de um processo seletivo, deixando cair os membros mortos e reproduzindo os realmente vivos; a de criar poemas (palavras-coisas conjugadas, organicamente, em padrões, se não totalmente *novos*, pelo menos renovados), que são, ao mesmo tempo, sedes e correntes de beleza; documentos de autocrítica existencial; e remédios-fortificantes-operações-plásticas para a língua em que são escritos e para a própria linguagem humana; e, finalmente, lançar os fundamentos de *rien ou presque un art*". Segundo Faustino, há pelo menos quatro Mallarmés. O Mallarmé parnaso-simbolista da primeira fase, que ainda é Baudelaire, ainda é Gautier e Verlaine (o Mallarmé de "Le Guignon", de "Apparition", onde chega a incidir num parnasianismo *rendu flou*, e de obras-primas tipicamente simbolistas, como "Brise Marine". O Mallarmé que reconcilia a língua francesa com Racine e antecipa Valéry ("Hérodiade", *L'Après-Midi d'un Faune*, "Toast Funèbre"). O penúltimo e o último Mallarmé é que seriam os fundamentais para o leitor atual. Daquele – o signatário de "Plusieurs Sonnets", "Hommages", "Tombeaux", "Autres Poèmes" e "Sonnets" e mais "Salut", "Au Seul Souci de Voyager", "Toute L'Âme Résumée" – diz Mário Faustino: "Aí Mallarmé leva a um ponto máximo, até hoje não mais atingido, uma linguagem (a poética) e uma língua (a francesa). Esses poucos poemas é que fazem dele – juntamente com as experiências de "inventor" de "Igitur" e sobretudo de *Un Coup de Dés* – o maior poeta-para-poetas da língua francesa, um dos maiores de todos os tempos e sem dúvida alguma o maior destes últimos cem – ou duzentos – anos". Enfim, há o derradeiro Mallarmé – o do *Lance de Dados* e da obra inacabada.

Realmente, são as duas últimas fases – da maturidade mallarmeana – as que apontam para o futuro. No ápice de todo um processo evolutivo da poesia, Mallarmé começa por denunciar a falácia e as limitações da linguagem discursiva para anunciar, no *Lance de Dados*, um novo campo de relações e possibilidades do uso da linguagem, para o qual convergem a experiência da música e da pintura e os modernos meios de comunicação, do "mosaico do jornal" ao cinema (ao qual Walter Benjamin atribui, justificadamente, tão grande importância) e às técnicas publicitárias. E assim como a aparente destrutividade da abolição do tonalismo em música (Schoenberg-Webern) e a da figura *em* artes plásticas (Cubismo-Malievitch-Mondrian) levam a um novo construtivismo, a contestação do verso e da linguagem em Mallarmé, ao mesmo tempo que encerra um capítulo, abre ou entreabre toda uma era para a poesia, acenando com inéditos critérios estruturais e sugerindo a superação do próprio livro como suporte instrumental do poema. Esses aspectos construtivos da obra de Mallarmé passam totalmente despercebidos a abordagens negativas, viciadas por esquematizações e *slogans* ("poesia pura", "arte pela arte"), como ainda é a de Ernst Fischer, embora ele já reconheça que a função da arte não é passar por portas abertas mas antes abrir as fechadas. É significativo que Mallarmé, para definir o seu marginalismo de poeta, tenha ido buscar não uma metáfora aristocrática como a da "torre de marfim", mas uma expressão extraída do vocabulário econômico-social, a palavra "greve", emblemática da luta de classes. "A atitude do poeta em uma época como esta, onde ele está em greve perante a sociedade" – diz Mallarmé na sua resposta à *enquête* de Jules Huret – "é pôr de lado todos os meios viciados que se possam oferecer a ele. Tudo o que se lhe pode propor é inferior à sua concepção e ao seu trabalho secreto". A recusa do poeta em prostituir o seu trabalho e em aceitar passivamente a linguagem "contratual", imposta, tem uma significação ética que escapa, quase sempre, aos críticos sociologizantes, embora não tenha escapado a Karl Marx, quando afirma: "O escritor deve naturalmente ganhar dinheiro para viver, mas não deve em nenhum caso viver e escrever para ganhar dinheiro", e agrega, mallarmarxista: "O escritor não considera seus trabalhos, de nenhum modo, como um *meio*. São *fins em si*. São tão pouco um meio para ele e para os outros que ele sacrifica a sua própria existência à existência de sua obra, quando necessário, e que, como o pregador religioso, ele se curva ao princípio de 'obedecer mais a Deus que aos homens', aos homens entre os quais ele próprio está confinado com suas necessidades e seus desejos de homem"[4]. Nesse sentido, a obra de Mallarmé é exemplar. Na difícil querela sobre a possibilidade de engajamento da poesia, em que Sartre toma partido recusando a hipótese da participação poética, uma coisa é certa: nenhuma tentativa de engajamento em poesia pode ser válida tomando a linguagem como meio ou instrumento passivo, pois o poeta, antes de mais nada, está engajado com a linguagem, ou para melhor dizê-lo, na perfeita e intraduzível fórmula de Jean Tardieu: "*le langage l'engage*".

Os poemas por mim traduzidos cobrem o percurso do primeiro ao penúltimo Mallarmé – a ponte necessária para a última aventura, a "mensagem sem fim" do *Lance de Dados*. Notará o leitor como o poeta, libertando-se progressivamente dos ornatos discursivos, caminha para uma

---

4. Karl Marx, "Débats sur la liberté de la presse" (1842), in *Sur la Littérature et l'Art*, Paris, Éditions Sociales, 1954, p. 195.

extrema elipse e concisão. Ao mesmo tempo, a fraturação, as interrupções, a descontinuidade da linguagem, que vão triturando a sintaxe e exigindo novas técnicas, desde a pontuação, reduzida ao mínimo ou mesmo abolida (com ressalva dos parênteses necessários para as interseções de vários planos linguísticos), até os arquipélagos-constelações de substantivos ("*Solitude, recife, estrela*"; "*Noite demência e pedraria*"). Os temas giram quase sempre em torno da poesia e do poeta, numa espécie de fenomenologia sensível do fazer poético. Mesmo quando aparentemente tomam por motivo um objeto externo – o *leque* ou o *cigarro* – os poemas tendem a reverter sobre si mesmos e, tema e poema isomorfizados, a fazer do objeto uma imagem viva da criação poética. Os dois brindes ("*Nada, esta espuma...*" e "*À só tenção de ir além de*"), assim como o soneto "*Ante a opressão da nuvem mudo*" (que Claude Roulet considera uma versão abreviada do *Lance de Dados*) já insinuam a temática posterior do poeta-navegante, desafiando o abismo dos elementos, entre o fácil naufrágio e a frágil sobrevivência, na tentativa quase suicida de lançar os dados do poema entre o acaso e o nada.

Dei especial atenção, nas traduções, aos jogos vocabulares da poesia de Mallarmé – paronomásias, assonâncias, aliterações – nos quais a rima tem papel de destaque. As rimas mallarmeanas – rimas equívocas, rimas homófonas, rimas leoninas, que se ecoam, se devoram e se entreespelham – contribuem decisivamente para romper, com suas associações verticais, o encadeamento linear do verso. Não hesitei em chegar a soluções extremadas, que, embora inexistentes por vezes num trecho particular do original, parecem-me justificar-se plenamente dentro da poética mallarmaica. É o caso das rimas fraccionadas que criei para alguns poemas: a ruptura dos *mastros* em "Brisa Marinha", ou, em "O Azul", o salto do *suspender-nos* e o corte de *sulca* (onde o hífen adquire iconicidade e a montagem permite uma estranha rima de talhe mallarmeano: "gládio *a sul*- com *O Azul*). Explorações de fisiognomia funcional detonadas pela explosão rímica. O próprio Mallarmé não foi alheio a essas soluções. Por exemplo, nesta quadra de um dos poemas-endereço com os quais costumava sobrescritar as cartas aos seus amigos:

> "Si vous voulez que je ne meure,
> porteurs de dépêche allez vi-
> te où mon ami Montaut demeure,
> c'est, je crois, 8 rue Halévy."

Um Mallarmé revisto pela semiótica concreta? Talvez. Mas que o poeta de *pe-NUL-tième* e o demônio da analogia autorizam.

    O propósito destas traduções é fazer com que o leitor conviva mais íntima e intensamente com as transformações que Mallarmé operou na linguagem poética. E a esperança é de que a reflexão sobre essas coisas, que aconteceram há cerca de um século com a linguagem, possa contribuir para a melhoria da produção e do consumo de poesia, no pressuposto de que o conhecimento efetivo do-que-foi-feito é a melhor maneira de nos prepararmos para fazer e entender o-que-não-foi-feito e o-que-se-pode-fazer-de-novo em poesia.

Mallarmé

Mallarmé   1842.   *Stéphane Mallarmé*

Stéphane Mallarmé

Agréez tous mes Compliments.
    Stéphane Mallarmé

Mardi 30 Août 1847

Poesias (1864-1895)
Stéphane Mallarmé

Tradução de Augusto de Campos

A ordem dos textos segue a das *Poésies* de Mallarmé. Mas, sempre que possível, adicionei aos poemas as respectivas datas de composição ou publicação, baseando-me para tanto nas notas da edição Plêiade. Penso que ajudam a compreender, criticamente, a evolução formal da poesia de Mallarmé.
A.C.

SALUT

*Rien, cette écume, vierge vers
A ne désigner que la coupe;
Telle loin se noie une troupe
De sirènes mainte à l'envers.*

*Nous naviguons, ô mes divers
Amis, moi déjà sur la poupe
Vous l'avant fastueux qui coupe
Le flot de foudres et d'hivers;*

*Une ivresse belle m'engage
Sans craindre même son tangage
De porter debout ce salut*

*Solitude, récif, étoile
A n'importe ce qui valut
Le blanc souci de notre toile.*

1893

BRINDE
Nada, esta espuma, virgem verso

A não designar mais que a copa;
Ao longe se afoga uma tropa
De sereias vária ao inverso.

Navegamos, ó meus fraternos
Amigos, eu já sobre a popa
Vós a proa em pompa que topa
A onda de raios e de invernos;

Uma embriaguez me faz arauto,
Sem medo ao jogo do mar alto,
Para erguer, de pé, este brinde

Solitude, recife, estrela
A não importa o que há no fim de
Um branco afã de nossa vela.

*Une négresse par le démon secouée
Veut goûter une enfant triste de fruits nouveaux
Et criminels aussi sous leur robe trouée,
Cette goinfre s'apprête à de rusés travaux:*

*A son ventre compare heureuses deux tétines
Et, si haut que la main ne le saura saisir.
Elle darde le choc obscur de ses bottines
Ainsi que quelque langue inhabile au plaisir.*

*Contre la nudité peureuse de gazelle
Qui tremble, sur le dos tel un fol éléphant
Renversée elle atend et s'admire avec zèle,
En riant de ses dents naïves à l'enfant;*

*Et, dans ses jambes où la victime se couche,
Levant une peau noire ouverte sous le crin
Avance le palais de cette étrange bouche
Pâle et rose comme un coquillage marin.*

1864

Uma negra que algum duende mau desperta
Quer dar a uma criança triste acres sabores
E criminosos sob a veste descoberta,
A glutona se apresta a ardilosos labores:

A seu ventre compara alacre duas tetas
E, bem alto, onde a mão não se pode trazer,
Atira o choque obscuro das botinas pretas
Assim como uma língua inábil ao prazer.

Contra aquela nudez tímida de gazela
Que treme, sobre o dorso qual louco elefante
Recostada ela espera e a si mesma zela,
Rindo com dentes inocentes à infante.

E em suas pernas onde a vítima se aninha,
Erguendo sob a crina a pele negra aberta,
Insinua o céu torvo dessa boca experta,
Pálida e rosa como uma concha marinha.

LAS DE L'AMER REPOS...
(fragment final)

*Une ligne d'azur mince et pâle serait
Un lac, parmi le ciel de porcelaine nue,
Un clair croissant perdu par une blanche nue
Trempe sa corne calme en la glace des eaux,
Non loin de trois grands cils d'émeraude, roseaux.*

1864

CANSADO DO REPOUSO AMARGO...
(fragmento final)

Uma linha de azul fina e pálida traça
Um lago, sob o céu de porcelana rara,
Um crescente caído atrás da nuvem clara
Molha no vidro da água um dos cornos aduncos,
Junto a três grandes cílios de esmeralda, juncos.

LE SONNEUR

*Cependant que la cloche éveille sa voix claire
A l'air pur et limpide et profond du matin
Et passe sur l'enfant qui jette pour lui plaire
Un angélus parmi la lavande et le thym,*

*Le sonneur effleuré par l'oiseau qu'il éclaire,
Chevauchant tristement en geignant du latin
Sur la pierre qui tend la corde séculaire,
N'entend descendre à lui qu'un tintement lointain.*

*Je suis cet homme. Hélas! de la nuit désireuse,
J'ai beau tirer le câble à sonner l'Idéal,
De froids péchés s'ébat un plumage feal,*

*Et la voix ne me vient que par bribes et creuse!
Mais, un jour, fatigué d'avoir en vain tiré,
O Satan, j'ôterai la pierre et me pendrai.*

1862-1866

O SINEIRO

Embora o sino acorde uma voz que ressoa
Clara no ar puro e limpo e fundo da manhã
E desperta, infantil, uma outra voz que entoa
Um angelus por entre a alfazema e a hortelã,

O sineiro evocado à clave da ave, irmão
Sinistro cavalgando, a gemer sua loa,
A pedra que distende a corda em sua mão,
Só ouve retinir um vago som que ecoa.

Esse homem sou eu. Dentro da noite louca
Agrada-me puxar a corda do Ideal,
De pecados se alegra a plumagem leal

E a minha voz me vem aos pedaços e oca!
Mas um dia, cansado deste afã obscuro,
Ó Satã, eu roubo esta pedra e me penduro.

L'AZUR

De l'éternel azur la sereine ironie
Accable, belle indolemment comme les fleurs,
Le poète impuissant qui maudit son génie
A travers un désert stérile de Douleurs.

Fuyant, les yeux fermés, je le sens qui regarde
Avec l'intensité d'un remords aterrant,
Mon âme vide. Où fuir? Et quelle nuit hagarde
Jeter, lambeaux, jeter sur ce mépris navrant?

Brouillards, montez! Versez vos cendres monotones
Avec de longs haillons de brume dans les cieux
Qui noiera le marais livide des automnes
Et bâtissez un grand plafond silencieux!

Et toi, sors des étangs léthéens et ramasse
En t'en venant la vase et les pâles roseaux,
Cher Ennui, pour boucher d'une main jamais lasse
Les grands trous bleus que font méchamment les oiseaux.

Encor! que sans répit les tristes cheminées
Fument, et que de suie une errante prison
Éteigne dans l'horreur de ses noires traînées
Le soleil se mourant jaunâtre à l'horizon!

O AZUL

De um infinito azul a serena ironia
Bela indolentemente abala como as flores
O poeta incapaz que maldiz a poesia
No estéril areal de um deserto de Dores.

Em fuga, olhos fechados, sinto-o que espreita,
Com toda a intensidade de um remorso aceso,
A minha alma vazia. Onde fugir? Que estreita
Noite, andrajos, opor a seu feroz desprezo?

Vinde, névoas! Lançai a cerração de sono
Sobre o límpido céu, num farrapo noturno,
Que afogarão os lodos lívidos do outono,
E edificai um grande teto taciturno.

E tu, ó Tédio, sai dos pântanos profundos
Da desmemória, unindo o limo aos juncos suaves,
Para tapar com dedos ágeis esses fundos
Furos de azul que vão fazendo no ar as aves.

Que sem descanso, enfim, as tristes chaminés
Façam subir de fumo uma turva corrente
E apaguem no pavor de seus torvos anéis
O sol que vai morrendo amareladamente!

*– Le Ciel est mort. – Vers toi, l'accours! donne, ô matière,
L'oubli de l'Idéal cruel et du Péché
A ce martyr qui vient partager la litière
Où le bétail heureux des hommes est couché,*

*Car j'y veux, puisque enfin ma cervelle, vidée
Comme le pot de fard gisant au pied du mur,
N'a plus l'art d'attifer la sanglotante idée,
Lugubrement bâiller vers un trépas obscur...*

*En vain! l'Azur triomphe, et je l'entends qui chante
Dans les cloches. Mon âme, il se fait voix pour plus
Nous faire peur avec sa victoire méchante,
Et du métal vivant sort en bleus angélus!*

*Il roule par la brume, ancien et traverse
Ta native agonie ainsi qu'un glaive sûr;
Où fuir dans la révolte inutile et perverse?
Je suis hanté. L'Azur! l'Azur! l'Azur! l'Azur!*

1864

– O Céu é morto. – Vem e concede, ó matéria,
O olvido do Ideal cruel e do Pecado
A um mártir que adotou o leito de miséria
Ao rebanho feliz dos homens reservado,

Pois quero, desde que meu cérebro vazio,
Como um pote de creme inerme ao pé de um muro,
Já não sabe adornar a ideia-desafio,
Lúgubre bocejar até o final obscuro...

Em vão. O Azul triunfa e canta em glória
Dentro dos sinos. Sim, faz-se voz para sus-
Pender-nos no terror de sua vil vitória,
Rompendo o metal vivo em angelus de luz!

Ele rola na bruma, antigo, lentamente
Galga tua agonia e como um gládio a sul-
Ca. Onde fugir? Revolta pérfida e impotente.
O Azul! O Azul! O Azul! O Azul! O Azul! O Azul!

BRISE MARINE

La chair est triste, hélas! et j'ai lu tous les livres.
Fuir! là-bas fuir! Je sens que des oiseaux sont ivres
D'être parmi l'écume inconnue et les deux!
Rien, ni les vieux jardins reflétés par les yeux
Ne retiendra ce coeur qui dans la mer se trempe
O nuits! ni la clarté déserte de ma lampe
Sur le vide papier que la blancheur défend
Et ni la jeune femme allaitant son enfant.
Je partirai! Steamer balançant ta mâture,
Lève l'ancre pour une exotique nature!

Un Ennui, désolé par les cruels espoirs,
Crois encore à l'adieu suprême des mouchoirs!
Et, peut-être, les mâts, invitant les orages
Sont-ils de ceux qu'un vent penche sur les naufrages
Perdus, sans mâts, sans mâts, ni fertiles îlots...
Mais, ô mon coeur, entends le chant des matelots!

1865

BRISA MARINHA

A carne é triste, sim, e eu li todos os livros.
Fugir! Fugir! Sinto que os pássaros são livres,
Ébrios de se entregar à espuma e aos céus imensos.
Nada, nem os jardins dentro do olhar suspensos,
Impede o coração de submergir no mar
Ó noites! nem a luz deserta a iluminar
Este papel vazio com seu branco anseio,
Nem a jovem mulher que preme o filho ao seio.
Eu partirei! Vapor a balouçar nas vagas,
Ergue a âncora em prol das mais estranhas plagas!

Um Tédio, desolado por cruéis silêncios,
Ainda crê no derradeiro adeus dos lenços!
E é possível que os mastros, entre as ondas más,
Rompam-se ao vento sobre os náufragos, sem mas-
Tros, sem mastros, nem ilhas férteis, a vogar...
Mas, ó meu peito, ouve a canção que vem do mar!

SAINTE

*A la fenêtre recelant
Le santal vieux qui se dédore
De sa viole étincelant
Jadis avec flûte ou mandore,*

*Est la Sainte pâle, étalant
Le livre vieux qui se déplie
Du Magnificat ruisselant
Jadis selon vêpre et complie:*

*A ce vitrage d'ostensoir
Que frôle une harpe par l'Ange
Formée avec son vol du soir
Pour la délicate phalange*

*Du doigt que, sans le vieux santal
Ni le vieux livre, elle ballance
Sur le plumage instrumental,
Musicienne du silence.*

1865

SANTA

Numa janela vigilante
O sândalo que se desdoura
De sua viola cintilante
Outrora com flauta ou mandora,

A Santa pálida perante
O velho livro que se escoa
Do Magnificat evolante
Outrora em vésperas e noa:

Na vidraria de ostensório
Que a harpa noturna do Anjo plange
Das suas asas de velório
Para a delicada falange

Com que, sem sândalo afinal
E sem velho livro ela vence o,
À plumagem instrumental,
Som, a música do silêncio.

ÉVENTAIL

de Madame Mallarmé

Avec comme pour langage
Rien qu'un battement aux cieux
Le futur vers se dégage
Du logis très précieux

Aile tout bas la courrière
Cet éventail si c'est lui
Le même par qui derrière
Toi quelque miroir a lui

Limpide (où va redescendre
Pourchassée en chaque grain
Un peu d'invisible cendre
Seule à me rendre chagrin)

Toujours tel il apparaisse
Entre tes mais sans paresse.

1891

LEQUE

de Madame Mallarmé

Tendo como por linguagem
Só este abanar ao céu
Vai-se o verso ainda miragem
Do recanto onde nasceu

Asa baixa mensageira
Este leque, se conduz
Ao mesmo por quem à beira
De ti algum espelho luz

Límpido (no qual desliza
Perseguido em cada grão
Um fim de invisível cinza
Única sem solução),

Para sempre ele apareça
Em tua mão que não cessa.

AUTRE ÉVENTAIL

de Mademoiselle Mallarmé

O rêveuse, pour que je plonge
Au pur délice sans chemin,
Sache, par un subtil mensonge,
Garder mon aile dans ta main.

Une fraîcheur de crépuscule
Te vient à chaque battement
Dont le coup prisonnier recule
L'horizon délicatement.

Vertige! voici que frissonne
L'espace comme un grand baiser
Qui, fou de naître pour personne,
Ne peut jaillir ni s'apaiser.

Sens-tu le paradis farouche
Ainsi qu'un rire enseveli
Se couler du coin de ta bouche
Au fond de l'unanime pli!

Le sceptre des rivages roses
Stagnants sur les soirs d'or, ce l'est,
Ce blanc vol fermé que tu poses
Contre le feu d'un bracelet.

1884-1887

OUTRO LEQUE

de Mademoiselle Mallarmé

Ó sonhadora, por quem plano
Num puro gozo sem timão,
Sabe, por um sutil engano,
Guardar minha asa em tua mão.

Uma aragem de entardecer
Te vem a cada movimento
Preso que faz retroceder
O horizonte suavemente.

Vertigem! eis que se detém
O espaço como um grande beijo
Que por nascer para ninguém
Não soma ou some o seu desejo.

Sente esse paraíso louco
Como um sorriso que soçobra
Do fim da boca escoar um pouco
No fundo da unânime dobra!

O cetro das areias rosas
Quietas nas tardes de ouro é este
Branco voo fechado que pousas
Contra o fogo de um bracelete.

FEUILLET D'ALBUM

Tout à coup et comme par jeu
Mademoiselle qui voulûtes
Ouir se révéler un peu
Le bois de mes diverses flûtes

Il me semble que cet essai
Tenté devant un paysage
A du bon quand je le cessai
Pour vous regarder au visage

Oui ce vain souffle que j'exclus
Jusqu'à la dernière limite
Selon mes quelques doigts perclus
Manque de moyens s'il imite

Votre très natural et clair
Rire d'enfant qui charme l'air.

1890

FOLHA DE ÁLBUM
De repente e como por jogo

Mademoiselle que declaras
Querer despertar um pouco
O som de minhas flautas raras

Este ensaio que já começa
A uma paisagem anteposto
Só se resolve quando cessa
Para te olhar em pleno rosto

Sim o vão sopro que sofreio
Até o último limite
Em meus dedos dormidos sei-o
Escasso para que ele imite

Tão claro e natural a soar
Teu riso em flor que abraça o ar.

LE MARCHAND D'AIL ET D'OIGNONS

*L'ennui d'aller en visite
Avec l'ail nous l'éloignons.
L'élégie au pleur hésite
Peu si je fends des oignons.*

1889

O VENDEDOR DE ALHO E CEBOLA

A insipidez da visita
Com alho posso depô-la.
A elegia ao choro hesita
Pouco se eu corto a cebola.

LA MARCHANDE D'HABITS

Le vif oeil dont tu regardes
Jusques à leur contenu
Me separe de mes hardes
Et comme un dieu je vais nu.

1889

A VENDEDORA DE ROUPAS

O olho vivo com que vês
Até o seu conteúdo
Me aparta de minhas ves-
Tes.
    E como um deus vou desnudo.

PETIT AIR

I

Quelconque une solitude
Sans le cygne ni le quai
Mire sa désuétude
Au regard que j'abdiquai

Ici de la gloriole
Haute a ne la pas toucher
Dont maint ciel se bariole
Avec les ors de coucher

Mais langoureusement longe
Comme de blanc linge ôté
Tel fugace oiseau si plonge
Exultatrice à côté

Dans l'onde toi devenue
Ta jubilation nue.

1894

PEQUENA ÁRIA

I

Alguém uma solitude
Sem o cisne e sem o cais
Mira sua dessuetude
No olhar que já não é mais

Aqui onde a glória finge
Alta que ninguém a tange
Da qual muito céu se tinge
Nos ouros que o sono abrange

Mas languidamente linda
Como livre de alva anágua
Voo fugaz de ave na água
Exultadora deslinda

Na onda em que te insinua
Tua jubilação nua.

II

Indomptablement a dû
Comme mon espoir s'y lance
Eclater là-haut perdu
Avec furie et silence,

Voix étrangère au bosquet
Ou par nul écho suivie,
L'oiseau qu'on n'ouït jamais
Une autre fois en la vie.

Le hagard musicien,
Cela dans le doute expire
Si de mon sein pas du sien
A jailli le sanglot pire

Déchiré va-t-il entier
Rester sur quelque sentier!

II

Indomavelmente vai
Se a minha esperança a aspira
Soar lá no alto onde cai
Perdida em silêncio e ira,

Voz rara ao jardim que a via
Sem nenhum eco talvez,
A ave que uma vez havia
E não se ouve outra vez.

O músico sem receio
Na dúvida perde a vida
Se, não do seu, do meu seio
Sai o ai da despedida

Dilacerado e sem eco
Vai recolher-se a algum beco!

*Le vierge, le vivace et le bel aujourd'hui
Va-t-il nous déchirer avec un coup d'aile ivre
Ce lac dur oublié que hante sous le givre
Le transparent glacier des vols qui n'ont pas fui!*

*Un cygne d'autrefois se souvient que c'est lui
Magnifique mais qui sans espoir se délivre
Pour n avoir pas chanté la région où vivre
Quand du stérile hiver a resplendi l'ennui.*

*Tout son col secouera cette blanche agonie
Par l'espace infligé à l'oiseau qui le nie,
Mais non l'horreur du sol où le plumage est pris.*

*Fantôme qu'à ce lieu son pur éclat assigne,
Il s'immobilise au songe froid de mépris
Que vêt parmi l'exil inutile le Cygne.*

1885

O virgem, o vivaz e o viridente agora
Vai-nos dilacerar de um golpe de asa leve
Duro lago de olvido a solver sob a neve
O transparente azul que nenhum voo aflora!

Lembrando que é ele mesmo esse cisne de outrora
Magnífico mas que sem esperança bebe
Por não ter celebrado a região que o recebe
Quando o estéril inverno acende a fria flora,

Todo o colo estremece sob a alva agonia
Pelo espaço infligida ao pássaro que o adia,
Mas não o horror do solo onde as plumas têm peso.

Fantasma que no azul designa o puro brilho,
Ele se imobiliza à cinza do desprezo
De que se veste o Cisne em seu sinistro exílio.

Ses purs ongles très haut dédiant leur onyx,
L'Angoisse, ce minuit, soutient, lampadophore,
Maint rêve vespéral brûlé par le Phénix
Que ne recueille pas de cinéraire amphore

Sur les crédences, au salon vide: nul ptyx,
Aboli bibelot d'inanité sonore,
(Car le Maître est allé puiser des pleurs au Styx
Avec ce seul objet dont le Néant s'honore).

Mais proche la croisée au nord vacante, un or
Agonise selon peut-être le décor
Des licornes ruant du feu contre une nixe,

Elle, défunte nue en le miroir, encor
Que, dans l'oubli fermé par le cadre, se fixe
De scintillations sitôt le septuor.

1868-1887

Puras unhas no alto ar dedicando seus ônix,
A Angústia, sol nadir, sustem, lampadifária,
Tais sonhos vesperais queimados pela Fênix
Que não recolhe, ao fim, de ânfora cinerária

Sobre aras, no salão vazio: nenhum ptyx,
Falido bibelô de inanição sonora
(Que o Mestre foi haurir outros prantos no Styx
Com esse único ser de que o Nada se honora).

Mas junto à gelosia, ao norte vaga, um ouro
Agoniza talvez segundo o adorno, faísca
De licornes, coices de fogo ante o tesouro,

Ela, defunta nua num espelho embora,
Que no olvido cabal do retângulo fixa
De outras cintilações o séptuor sem demora.

LE TOMBEAU D'EDGAR POE

Tel qu'en Lui-même enfin l'éternité le change,
Le Poète suscite avec un glaive nu
Son siècle épouvanté de n'avoir pas connu
Que la mort triomphait dans cette voix étrange!

Eux, comme un vil sursaut d'hydre oyant jadis l'ange
Donner un sens plus pur aux mots de la tribu
Proclamèrent très haut le sortilège bu
Dans le flot sans honneur de quelque noir mélange,

Du sol et de la nue hostiles, ô grief!
Si notre idée avec ne sculpte un bas-relief
Dont la tombe de Poe éblouissante s'orne,

Calme bloc ici-bas chu d'un désastre obscur,
Que ce granit du moins montre à jamais sa borne
Aux noirs vols du Blasphème épars dans le futur.

1876

A TUMBA DE EDGAR POE

Tal que a Si-mesmo enfim a Eternidade o guia,
O Poeta suscita com o gládio erguido
Seu século espantado por não ter sabido
Que nessa estranha voz a morte se insurgia!

Vil sobressalto de hidra ante o anjo que urgia
Um sentido mais puro às palavras da tribo,
Proclamaram bem alto o sortilégio atribu-
ído à onda sem honra de uma negra orgia.

Do solo e céu hostis, ó dor! Se o que descrevo –
A ideia só – não esculpir baixo-relevo
Que ao túmulo de Poe luminescente indique,

Calmo bloco caído de um desastre obscuro,
Que este granito ao menos seja eterno dique
Aos voos da Blasfêmia esparsos no futuro.

*Au seul souci de voyager
Outre une Inde splendide et trouble
– Ce salut soit le messager
Du temps, cap que ta poupe double*

*Comme sur quelque vergue bas
Plongeante avec la caravelle
Écumait toujours en ébats
Un oiseau d'annonce nouvelle*

*Qui criait monotonement
Sans que la barre ne varie
Un inutile gisement
Nuit, désespoir et pierrerie*

*Par son chant reflété jusqu'au
Sourire du pâle Vasco.*

À só tenção de ir além de
Uma Índia em sombras e sobras
– Seja este brinde que te rende
O tempo, cabo que ao fim dobras

Como sobre a vela da nave
Mergulhando com a caravela
Espumante a ávida ave
Da novidade sempre vela

A cantar com monotonia
Sem jamais volver o timão
Uma jazida ali à mão
Noite demência e pedraria

Que se reflete pelo casco
Ao riso pálido de Vasco.

Toute l'âme résumée
Quand lent nous l'expirons
Dans plusieurs ronds de fumée
Abolis en autres ronds

Atteste quelque cigare
Brûlant savamment pour peu
Que la cendre se sépare
De son clair baiser de feu

Ainsi le choeur des romances
A la lèvre vole-t-il
Exclus-en si tu commences
Le réel parce que vil

Le sens trop précis rature
Ta vague littérature.

1895

Toda a alma num resumo
Quando lentamente expira
Em cada espira de fumo
Abolida à nova espira

Atesta qualquer cigarro
Queimando sábio por pouco
Que uma cinza se separe
De um claro beijo de fogo

Tal o coro das violas
Ao lábio voa servil
Exceto se tu violas
O real porquanto vil

Ser mais preciso rasura
Tua vaga literatura.

*Une dentelle s'abolit
Dans le doute du Jeu suprême
A n'entr'ouvrir comme un blasphème
Qu'absence éternelle de lit.*

*Cet unanime blanc conflit
D'une guirlande avec la même,
Enfui contre la vitre blême
Flotte plus qu'il n'ensevelit.*

*Mais, chez qui du rêve se dore
Tristement dort une mandore
Au creux néant musicien*

*Telle que vers quelque fenêtre
Selon nul ventre que le sien,
Filial on aurait pu naître.*

1887

Um rendado se vê desfeito
Na dúvida do Jogo extremo
A entreabrir como um supremo
Não uma ausência de leito.

Esta branca discórdia oculta
De uma voluta com seu mesmo,
Contra a vidraça em luta a esmo
Mais flutua do que sepulta.

Mas junto a quem o sonho doura
A dor adormece a mandora
Ao oco Nada musical

Tal que através qualquer vitral
Sem outro ventre que o seu ser,
Filial se pudera nascer.

*Quelle soie aux baumes de temps
Où la Chimère s'exténue
Vaut la torse et native nue
Que, hors de ton miroir, tu tends!*

*Les trous de drapeaux méditants
S'exaltent dans notre avenue:
Moi, j'ai ta chevelure nue
Pour enfouir mes yeux contents.*

*Non! La bouche ne sera sûre
De rien goûter à sa morsure,
S'il ne fait, ton princier amant,*

*Dans la considérable touffe
Expirer, comme un diamant,
Le cri des Gloires qu'il étouffe.*

1885

Que seda em bálsamos do tempo,
Onde a Quimera se extenua,
Vale essa nuvem, flor de vento,
Que, além do teu espelho, é tua?

Os rasgos dos pendões pensantes
Se exaltam pela nossa rua:
Eu, tenho a cabeleira nua
Para enterrar meus olhos, antes.

Não. Esta boca não apura
Um paladar na mordedura
Enquanto o principesco amante

No principal tufo não faça
Expirar, como um diamante,
A voz das Glórias que amordaça.

A la nue accablante tu
Basse de basalte et de laves
A même les échos esclaves
Par une trompe sans vertu

Quel sépulcral naufrage (tu
Le sais, écume, mais y baves)
Suprême une entre les épaves
Abolit le mât dévêtu

Ou cela que furibond faute
De quelque perdition haute
Tout l'abime vain éployé

Dans le si blanc cheveu qui traîne
Avarement aura noyé
Le flanc enfant d'une sirène.

1895

Ante a opressão da nuvem mudo
Baixa de basalto e de lavas
Até mesmo aos ecos escravos
Por uma trompa sem virtude

Que sepulcral naufrágio (sabes,
Espuma, se bem que o babes)
Suprema una entre os destroços
Aboliu o mastro só ossos

Ou o que furibundo falta
De alguma perdição alta
Todo o abismo aberto a vogar

Nesse tão branco fio que enleia
Avaramente há de afogar
Um flanco infante de sereia.

EVENTAIL (LEQUE) DE MME GRAVOLLET, 1890

Palpite   Palpita
      Aile   Asa
           mais n'arrête   e apenas cessa
Sa voix que pour brillamment   Sua voz para que de amante
La ramener sur la tête   A devolvas à cabeça
Et le sein   E ao seio
        en diamant   em diamante

Nota ao fauno

Neste primeiro ensaio de *tridução* (bom trabalho para muitos – e muitos anos), persigo o texto como o fauno às ninfas. Pelo truque, fujo ou dispenso as rimas; antes, busco rimas holográmicas, grandes assonâncias e ressonâncias, harmonia vária e aleatória de amostragem; também, ora, exulta um alexandrino bem feito; aqui e ali capenga, que o prosaico ainda faz parte. É uma tradução poética literal: não há álibis para não ter tentado tudo, tridução não econômica, a três por um, como convém humilde homenagear o Mestre-Inventor. Permutações, à discrição, embora, para continuidade, leiam-se os versos de três em três: a sinalização tipográfica do verso-cabeça é para facilitar essa leitura; mas nenhum verso do terceto é comandante: literalidade num, subleitura noutro etc. Mantive o vago onde supus que Mallarmé estivesse, outros são meus, não entendimento, *on verra*, talvez tenha esclarecido alguns – a conquista do impreciso se faz com precisão. Por obediência supersticiosa, ora mantenho a pontuação; inovo; ou elimino. A tipografia conta, porque aqui começa uma não-linearidade som-escrita (fique a *escritura* para os colombos tardios). Para ler, o original ao menos, com olho, ouvido e braille: devagar, com tato, algum palato, muito olfato. É um poema erótico, de erecção e elevação e impotência: tudo se resolve no papel, *faute de mieux*. São ninfas e é a poesia; uma flauta dupla priápica, duas ninfas: são canetas, é tinteiro-pântano, é um papel de brancura animal, são mulheres, palavras. *Mallarmé fecit* 1865, aos 23 anos, para o teatro, veleidades justas, monólogo com marcações que nos parecem ridículas; não foi aceito; foi refazendo; também não o foi para a revista *Troisième Parnasse Contemporain* (A. France e Copeau vetaram); em 76, saiu a 200 exemplares, ilustrações de Manet, preciosa edição com fitinhas coloridas, letras douradas na capa, tipos elzevir fundidos só para ela, impressão manual, papel também preparado à mão: ficou poema. Dos maiores, com ainda brutezas requintadas e datadas; o que o baixinho viu de ninfas, fora uma e outra corrupta costumeira, a mulher ossuda alemã e a adorável mulher de dentista e de poetas Méry Laurent, modelo de Manet, foram carnações acadêmicas no Louvre, nos *salons* ou em reproduções – não as banhistas impressionistas. Mas já é, isomorficamente; iria além. O resto, leitor, do poema, é descoberta.

L'après-midi d'un faune

A tarde de verão de um fauno
A tarde de um fauno
A sesta de um fauno

Églogue
1876

Ces nymphes, je les veux perpétuer.

                                    Si clair,

Leur incarnat léger, qu'il voltige dans l'air

Assoupi de sommeils touffus.

                              Aimai-je un rêve?

Mon doute, amas de nuit ancienne, s'achève

En maint rameau subtil, qui, demeuré les vrais

Bois mêmes, prouve, hélas! que bien seul je m'offrais

Pour triomphe la faute idéale de roses.

Réfléchissons…

                                  ou si les femmes dont tu gloses

Quero perpetuar essas ninfas.
       Tão claro
Essas ninfas eu quero eternizar.
       Tão leve
Vou perpematar essas ninfas.
       É tão claro
É o *rodopio de carnes, que ele gira no ar*
É a sua carnação, que ela gira no ar
Seu ligeiro encarnado a voltear no ar
Entorpecido de pesados sonos.
       Sonho?
Sonolento de sonhos e arbustos.
       Foi sonho?
Espesso de mormaço e sonos.
       Sonhei ou...?
Borra de muita noite, a dúvida se acaba
Massa de muita noite, a dúvida se arma
Massa de muita noite, arremata-se a dúvida
Em raminhos sutis que são o próprio bosque,
Em filetes sutis que são a própria mata,
Em mil ramos sutis a imitar a mata,
Prova cabal de que, em dom bem solitário,
Prova infeliz de que eu sozinho me ofertava
Prova infeliz de que em gozo solitário
Eu triunfava em meio à falta ideal de rosas.
À guisa de triunfo a ausência ideal das rosas.
Eu me dava em triunfo a falta ideal das rosas.
Reflitamos...
Vamos pensar...
Refletir...
    E se essas moças, minhas glosas,
    Se essas moças que tu glosas
    Vamos que as mulheres que tu glosas

Figurent un souhait de tes sens fabuleux!

Faune, l'illusion s'échappe des yeux bleus

Et froids, comme une source en pleurs, de la plus chaste:

Mais, l'autre tout soupirs, dis-tu qu'elle contraste

Comme brise du jour chaude dans ta toison?

Que non! par l'immobile et lasse pâmoison

Suffoquant de chaleurs le matin frais s'il lutte,

Ne murmure point d'eau que ne verse ma flûte

Au bosquet arrosé d'accords; et le seul vent

Hors des deux tuyaux prompt à s'exhaler avant

Qu'il disperse le son dans une pluie aride,

C'est, à l'horizon pas remué d'une ride,

Le visible et serein souffle artificiel

De l'inspiration, qui regagne le ciel.

Não passarem de sonho e senso fabulosos?
Forem só fumo dos sentidos fabulosos?
Não passem de ilusão dos sentidos da fábula?
Fauno, dos olhos da mais casta, azuis e frios,
A fria ilusão azul escorre, fauno,
Fauno, desfaz-se a ilusão nos olhos frios
Flui a ilusão como uma fonte em prantos, rios:
Dos olhos da mais casta como fonte em prantos:
E azuis daquela que é mais casta, pranto em fonte:
Mas, da toda suspiros, achas que difere
Porém, como contraste, da que é suspiros,
Mas, em contraste, o hálito da outra, arfante,
Da outra, nos teus pelos, como um vento quente?
Dizes que é o ar do dia quente em teu tosão?
Não é o sopro de um dia quente nos teus pelos?
Mas, não! No pasmo exausto e imóvel, a manhã
Não, não! Na quietude do abandono exausto,
Mas, não! Pelo desmaio imóvel e cansado,
Se *debate em calor para manter-se fresca*
Sufocando a manhã se ela resiste fresca,
Sufocando a manhã de calor, se reage,
E *água não canta que da avena eu não derrame*
A água não murmura se não vem da flauta
Só o que murmura é a linfa que da avena venha
No bosque irrigado de acordes – e o só sopro
Vertendo sons no bosque – e não há outro vento
Regar de acordes o capão; e só o vento
Além do exalado pelas duas canas
Além do modulado pelos tubos prestes a
Que flui da flauta dupla prestes a exalar-se
Pronto a extinguir-se antes que se disperse em chuva
Desvanescer-se antes que o som se disperse
Antes de dispersar o som em chuva estéril,
Estéril, é somente o sopro no horizonte
No chuvisco impotente de uma chuva árida,
Se ouve – não se ouvisse no horizonte liso
Sem uma ruga a perturbá-lo, da visível
A não ser no horizonte sem rugas a calma
O sopro artificial, visível e sereno,
E *calma inspiração artificial do céu.*
Daquela inspiração que re-expira o céu.
Da inspiração que volta a ascender ao céu.

O bords siciliens d'un calme marécage

Qu'à l'envi des soleils ma vanité saccage,

Tacite sous les fleurs d'étincelles, CONTEZ

"Que je coupais ici les creux roseaux domptés

"Par le talent; quand, sur l'or glauque de lointaines

"Verdures dédiant leur vigne à des fontaines,

"Ondoie une blancheur animale au repos:

"Et qu'au prélude lent ou naissent les pipeaux,

"Ce vol de cygnes, non! de naïades se sauve

"Ou plonge..."

                              Inerte, tout brûle dans l'heure fauve

Sans marquer par quel art ensemble détala

Trop d'hymen souhaité de qui cherche le la:

Alors m'éveillerai-je à la ferveur première,

Ó calmos pantanais das costas da Sicília,
Ó orla siciliana das baixadas calmas,
Ó pântano estagnado às costas sicilianas,
Que, êmula de sóis, minha vaidade pilha,
Que eu saqueio vaidoso em disputa com o sol,
Que eu disputo com sóis na pilhagem vaidosa,
Tácita, sob centelhas floridas, CONTAI
Tacitamente, sob centelhas-flores, CONTE
Sob centelhas de flores, taciturno, CONTE
"Que aqui eu cortava os caniços, domados
Que aqui com arte e engenho vinha eu domar
Que eu costumava aqui cortar caniços ocos
Pelo talento, quando no ouro azul dos longes
Caules ocos no glauco ouro de longínquos
Com meu talento e era, no ouro azul de longes
Às fontes os vergéis ofertavam suas vinhas
Verdes, oferecendo às fontes as videiras,
Verdes, às fontes, dedicando seus vinhedos,
E ondulava um brancor animal em repouso:
Vendo branco ondular um repouso animal:
Uma animal brancura ondulando em sossego:
E que ao lento prelúdio onde nascem as flautas,
E que ao prelúdio lento em que nascem as flautas,
E que ao lento prelúdio das varas de visgo,
Este arroubo de cisnes, ou náiades! foge
Este voo de cisnes, náiades! se esquiva
Esses signos no ar, mulheres! ludibriam
Ou mergulha...
Ou imerge...
Ou afundam... "
                    Arde a tarde inerte na hora fulva
                    Incêndio inerte na hora fulva,
                    Inerte é a tarde na hora rubra
Sem um sinal das artes pelas quais partiram
Sem traço da arte combinada que desfez
Sem traço da arte vária pela qual fugiu
Tantos hímens sonhados por quem busca o lá:
Tanta núpcia ansiada por quem busca o *lá:*
O excessivo himeneu de quem procura o *la:*
Despertarei então à devoção primeira,
Assim, vou retornar ao meu primeiro voto,
Então rejuvenelho no ardor primevo,

Droit et seul, sous un flot antique de lumière,

Lys! et l'un de vous tous pour l'ingénuité.

Autre que ce doux rien par leur lèvre ébruite,

Le baiser, qui tout bas des perfides assure,

Mon sein, vierge de preuve, atteste une morsure

Mystérieuse, due à quelque auguste dent;

Mais, bast! arcane tel élut pour confident

Le jonc vaste et jumeau dont sous l'azur on joue:

Oui, détournant à soi le trouble de la joue

Rêve, dans un solo long, que nous amusions

La beauté d'alentour par des confusions

Fausses entre elle-même et notre chant crédule;

Et de faire aussi haut que l'amour se module

Évanouir du songe ordinaire de dos

Ereto e só, sob um fluir de luz antiga,
De pé e só sob uma luz que flui de outrora,
Direito e só, sob um fluir velho de luz,
Lírio! e um de vós todos pela ingenuidade.
Leia! pela engenhosidade, um só devoto.
E, pela ingenuidade, lírio! um dentre vós.
Bem diverso do beijo, doce nada esparso
Mais que esse doce nada, arrulho de seus lábios,
Mais que esse doce nada a dar de boca a boca,
Através de seus lábios a insuflar perfídias,
O beijo que, bem baixo, é bífida perfídia,
O beijo que, bem baixo, é perfídia segura,
Atesta uma mordida este meu seio virgem,
Dá prova o peito puro de uma morte certa,
Virgem de prova, o seio exibe uma mordida
Misteriosa marca de algum dente augusto;
Mordida misteriosa de algum dente augusto;
Misteriosa, dente de algum deus supremo;
Mas, chega! que esse arcano elege por amigo
Mas, basta! que esse enigma optou por confidente
Mas, silêncio! que o enigma tem por confidente
O junco vasto e gêmeo sob o céu tocado:
O junco vasto e gêmeo sob o céu gemendo:
O junco imenso e gêmeo sob o céu que sopra:
Ei-lo que chama a si a turbação da face
Eis que assumindo a excitação da face, sonha,
Que para si chamando o tumulto da face,
E num extenso solo sonha que entretemos
Num solo prolongado que estamos deleitando
Num longo solo longo aspira a que encantemos
A beleza ao redor, mediante confusões
A beleza ambiente através das ambíguas
O lugar que nos cerca através de enganosas
Falsas entre ela própria e o nosso canto crédulo –
Confusões entre ela e o nosso canto ingênuo
Confusões entre ela e este canto bisonho
Procurando no módulo do amor mais alto
E tanto quanto alcance um módulo amoroso
E façamos, no módulo do amor mais alto,
Esgarçar, da quimera ordinária de costas
Faz que se esvaia a ilusão banal de dorso
Desmaiar a miragem banal em decúbito

Ou de flanc pur suivis avec mes regards clos,

Une sonore, vaine et monotone ligne.

Tâche donc, instrument des fuites, ô maligne

Syrinx, de refleurir aux lacs où tu m'attends!

Moi, de ma rumeur fier, je vais parler longtemps

Des déesses; et par d'idolâtres peintures,

A leur ombre enlever encore des ceintures;

Ainsi, quand des raisins j'ai sucé la clarté,

Pour bannir un regret par ma feinte écarté,

Rieur, j'élève au ciel d'été la grappe vide

Et, soufflant dans ses peaux lumineuses, avide

D'ivresse, jusqu'au soir je regarde au travers.

O nymphes, regonflons des SOUVENIRS divers.

"Mon oeil, trouant les joncs, dardait chaque encolure

Ou bem de flanco puro seguidos com o olhar,
Ou de lado, seguidos pelo olhar sem ver,
Ou reclinada pura no olhar fechado,
Uma linha monótona, sonora e vã.
Numa linha enfadonha, inútil e sonora.
Numa sonora, vã e monótona linha.

Volta, pois, instrumento de fugas, maligna
Flauta nefasta, pífano de fugas, trata
Flauta nefasta, instrumento de escapes, trata
Flauta, a reflorescer nos lagos onde me ouves:
De reflorir no lago onde por mim esperas!
De reflorir na água onde por mim aguardas!
De *meu tropel cioso, irei falar de deusas*
Orgulhoso de som, vou falar longamente
Altivo em meu rumor, vou falar longo tempo
Por muito tempo – e em muita pintura profana,
De d e ss – e graças a quadros idolatras,
Das deusas, e, mercê de profanas pinturas,
À sua sombra hei de enlaçar muita cintura;
À sua sombra ainda hei de enlaçar cinturas;
À sua sombra ainda arrebatar cinturas;
E quando a luz das uvas tenha eu sorvido
E assim que chupe a luz destes cachos de uva,
E quando da razão tenha sugado a luz,
P'ra banir uma dor por fingimento oculta,
Afastando um pesar pela astúcia esquecido,
Banindo um dissabor por fingimento oculto,
Ridente, elevo ao céu do estio os bagos murchos
Gozador, ao verão do céu oferto os bagos
Ergo ao céu, com sarcasmo, o cacho esvaziado
E soprando as bexigas radiosas, sedento
E soprando nas peles translúcidas, ávido
E enchendo de ar bagos de luz, ávido e ébrio
De embriaguez, contra a luz os contemplo, bêbado.
E ébrio, fico olhando através até a noite.
De través os contemplo até o cair da noite.

Re-inspiremos, ninfas, MEMÓRIAS, de versos.
Ninfas, vamos inflar RECORDAÇÕES diversas.
Reavivemos, ninfas, LEMBRANÇAS diversas.
"Pelos juncos, o olhar violava as colinas
Varejava, nos juncos, meu olho, uma a uma,
Pelos juncos, meu olho espiava as colinas

"Immortelle, qui noie en l'onde sa brûlure

"Avec un cri de rage au ciel de la forêt;

"Et le splendide bain de cheveux disparaît

"Dans les clartés et les frissons, ô pierreries!

"J'accours; quand, à mes pieds, s'entrejoignent (meurtries

"De la langueur goûtée à ce mal d'être deux)

"Des dormeuses parmi leurs seuls bras hasardeux;

"Je les ravis, sans les désenlacer, et vole

"A ce massif, haï par l'ombrage frivole,

"De roses tarissant tout parfum au soleil,

"Ou notre ébat au jour consumé soit pareil."

Je t'adore, courroux des vierges, ô délice

Farouche du sacré fardeau nu qui se glisse

Pour fuir ma lèvre en feu buvant, comme un éclair

Imortais, que na onda afogam o cautério,
As curvas imortais no refrigério da onda
Imortais, que afogam na onda a queimadura,
No céu da mata desfechando um impropério;
– Irados gritos contra a abóbada da mata –
Soltando gritos de ira contra o céu da mata;
E o *banho esplêndido de pelos se dilui*
Os mais esplêndidos cabelos esvaindo-se
E o banho esplendoroso dos cabelos some
Em calafrios e claridades, pedrarias!
Em claros calafrios de raras pedrarias!
Em pedrarias de faíscas e tremores!
Precipito-me – e eis a meus pés, enroscadas,
Corro e vejo, a meus pés, enlaçadas, doridas,
Lanço-me e vejo ali, entrejuntas e langues,
Langorosas haurindo esse mal de ser dois,
Do gostado langor desse mal de ser dois,
– Melancolia doce do mal de ser dois –
Duas carnes dormindo entre os braços do acaso:
As dormindas dormindo entre seus próprios braços:
Adormecidas, sós, as ninfas aos abraços:
Empolgo-as sem desvencilhá-las e me arranco
Sem desfazer o enlace, arrebato-as e alcanço
Sem desuni-las arrebato-as e encontro
Rumo a esse alcatife, odiado pela frívola
Ao canteiro – que a sombra leviana odeia –
O canteiro de rosas (assédio de sombras),
Sombra, de rosas desperfumando-se ao sol,
De rosas exaurindo todo o odor ao sol
Maciço de perfumes a fundir-se ao sol,
Para esse embate igual ao dia que se consome.
E ali o nosso embate ao dia que finda iguala.
Onde o nosso prazer, junto com o dia, acabe."
Eu te adoro, furor de virgem, ó delícia
Ira das virgens, eu te adoro, ó delícia
Ó cólera das virgens, eu te adoro, gozo
Feroz do fardo nu e sagrado que se esquiva,
Feroz do fardo nu e sagrado que desliza,
Selvagem dessa carga nua que se insinua
Fugindo à boca em água ardente, quando um raio
Para fugir, à boca em fogo e sede, como
Para fugir à boca em fogo – como um raio

Tressaille! la frayeur secrète de la chair:

Des pieds de l'inhumaine au coeur de la timide

Que délaisse à la fois une innocence, humide

De larmes folles ou de moins tristes vapeurs.

"Mon crime, c'est d'avoir, gai de vaincre ces peurs

"Traîtresses, divisé la touffe échevelée

"De baisers que les dieux gardaient si bien mêlée;

"Car, à peine j'allais cacher un rire ardent

"Sous les replis heureux d'une seule (gardant

"Par un doigt simple, afin que sa candeur de plume

"Se teignit à l'émoi de sa soeur qui s'allume,

"La petite, naive et ne rougissant pas:)

"Que de mes bras, défaits par de vagues trépas,

"Cette proie, à jamais ingrate se délivre

Faz tremer! o temor mais secreto da carne:
Um raio treme! a via secreta da carne:
Sobressalta-se! o medo em segredo na carne:
Dos pés da desumana ao coração da tímida
Dos pés da inumana ao coração da tímida
Dos pés da desumana ao peito da mais tímida
Pela inocência abandonada, ora úmida
Que a pureza abandona, orvalhada ora por
A inocência abandonando a ambas, úmida
De pranto doido ou de vapores mais alegres.
Lágrimas tristes ou não tão tristes vapores.
De pranto solto ou de suores menos tristes.
"Meu crime é o de abrir, com beijos, o tufo
Meu crime foi de ter, contente de vencer
Meu crime é o de haver, alegre por vencer
Hirsuto que tão bem mantinha um deus cerrado;
Um medo insidioso, aberto ao meio o bosque
Temores infiéis, partido ao meio a moita
Pois mal me dispunha a esconder um riso ardente
Desgrenhado, que os deuses guardavam ciosos;
De beijos, pelos deuses tão bem guarnecida;
Sob as pregas felizes de uma só (guardando
Assim que me propunha a esconder um riso ar-
Mal ia eu introduzir um riso ardente
Com simples dedo, a fim que o seu candor de pena
Dentes nas dobras álacres de uma (gesto
Sob as felizes comissuras de uma (dedo
Se maculasse na emoção de sua irmã –
De dedo vigilante – que o candor de pluma
Simples de guarda – a fim que seu candor de pluma
Aquela que é pequena, ingênua e não se peja:)
Se tinja na emoção de sua irmã que brilha
Se contamine ao frêmito da irmã que inflama
Que de meus braços moles por delíquios vagos
– Guardando a pequenina, ingênua e que não cora:)
– À pequenina, ingênua e que não enrubesce:)
Liberta-se essa presa para sempre ingrata,
Já de meus braços vagamente amolecidos
Que de meus braços moles por incertas mortes
Sem pena do soluço ainda em mim cativo.
Escapa-me essa presa para sempre ingrata,
A presa, para sempre ingrata, se liberta,

"Sans pitié du sanglot dont j'étais encore ivre".

Tant pis! vers le bonheur d'autres m'entraînneront

Par leur tresse nouée aux cornes de mon front:

Tu sais, ma passion, que, pourpre et déjà mûre.

Chaque grenade éclate et d'abeilles murmure;

Et notre sang, épris de qui le va saisir,

Coule pour tout l'essaim éternel du désir.

A l'heure où ce bois d'or et de cendres se teinte

Une fête s'exalte en la feuilée éteinte:

Etna! c'est parmi toi visité de Vénus

Sur ta lave posant ses talons ingénus,

Quand tonne un somme triste ou s'épuise la flamme.

Je tiens la reine!

O sûr châtiment...

Non, mais l'âme

Sem piedade de mim na ebriez do soluço.
Sem pena do queixume ainda a inebriar-me."
Tanto pior! ao gozo hão de levar-me outras,
Azar! Hão de arrastar-me outras ao prazer,
Felicidade, paciência! Virão outras
Emaranhando suas trancas nos meus cornos:
As trancas amarrando aos chifres desta fronte:
Aos cornos desta fronte emaranhar as trancas:
Tu sabes, vida minha: purpura e madura.
Minha vida, é assim: já madura e vermelha,
Minha paixão, tu sabes que madura e rubra
Toda romã explode e em abelhas murmura;
Toda romã estala em zumbidos de abelhas;
Toda granada explode em murmúrios de insetos;
E o sangue, enamorado de quem vai colhê-lo,
E o nosso sangue, preso a quem vai possuí-lo,
E o nosso sangue, amante de quem vai sugá-lo,
Escorre pelo eterno enxame do desejo.
Corre por todo o enxame eterno do desejo.
Corre por todo o eterno enxame do desejo.
E quando o bosque tinge-se de ouro e cinza,
E na hora em que o bosque é de cinza e de ouro,
Na hora em que se banha o bosque em cinza e ouro,
Exalta-se uma festa na ramada extinta:
Uma festa se exalta na ramada extinta:
Na folhagem extinta uma festa se eleva:
Etna! é em teu meio quando Vênus vem
Etna! é em meio a ti, visitado por Vênus,
Etna! Tu és a festa quando Vênus vem
Pousar em tua lava as plantas inocentes
Pousando em tua lava o calcanhar ingênuo,
Pousar em tua lava o calcanhar ingênuo,
E estronda um sono triste ou esmorece a chama.
Se troa um sono triste ou desfalece a flama.
Num resultado triste ou num fogo que apaga.

Tomo a dama!
Minha, a rainha!
Conservo as rédeas!
        Castigo certo...
        Ó punição...
        Ó castigo...
                Não, mas a alma

De paroles vacante et ce corps alourdi

Tard succombent au fier silence de midi:

Sans plus il faut dormir en l'oubli du blasphème,

Sur le sable altéré gisant et comme j'aime

Ouvrir ma bouche à l'astre efficace des vins!

Couple, adieu; je vais voir l'ombre que tu devins.

Vazia de palavras e este corpo espesso
De palavras vazia e este pesado corpo
Desocupada de palavras e este corpo
Sucumbem ao feroz silêncio meridiano:
No tardo meio-dia, em quietude, morrem:
Tarde sucumbem ao silêncio meridiano:
Sem mais, dormir no esquecimento da blasfêmia,
O que resta é dormir no olvido da blasfêmia,
Sem mais, cumpre dormir e afugentar a injúria
Na areia ressupino e sedento – e sequioso
Jazendo sobre a areia, alterado e amando
Sobre a areia sedenta a jazer e, a gosto,
De abrir a boca ao astro eficiente dos vinhos!
Oferecer a boca ao astro audaz dos vinhos!
Ao eficaz astro do vinho abrir a boca!
Ninfas, adeus; vou ver a sombra que vos tornais,
Ninfas, adeus; vou ver a sombra que ora sois.
Casal, adeus; vou ver a sombra que és agora.

Mallarmé – a conquista do impreciso na linguagem poética: uma tradução de "L'après-midi d'un faune"

1. *A antiestocástica de um poema*

O processo estocástico pode ser definido como uma aproximação gradativa a uma mensagem desconhecida, a partir dos dados de um código conhecido. Por exemplo: chegar a um texto "X", em português, a partir de cadeias markovianas de zerogramas, digramas, trigramas etc, segundo comprimentos e posicionamentos pré-selecionados, dentro da norma estatística da língua reduzida a sinais discretos, digitais. Um outro exemplo, mas contínuo, não-digitalizado, seria o que se observa na projeção de um *slide,* se se parte de um desfoque máximo para um foco otimizado.

Assim como em certos quadros cubistas, a "paisagem-signo" parece "recompor-se" ou ganhar definição "real" se olharmos a obra de olhos semicerrados, assim Mallarmé trabalhou o seu "L'après-midi d'un faune", partindo – e ao longo de dez anos de esforços – da determinação para a indeterminação, sendo esta a determinação final de sua luta pela conquista do impreciso: a determinação da indeterminação.

A primeira versão do poema, "Monologue d'un faune", 1865, destinava-se ao teatro, e traz marcações teatrais: "absolutamente cênico, não possível no teatro, mas exigindo o teatro"[1] – o poeta alimentando a esperança de vê-lo representado e declamado no Théâtre Français, por Coquelin.

Mallarmé tinha então 23 anos e o poema, incertamente inspirado num quadro de Boucher, cujo motivo eram ninfas e faunos e que pude-

---

1. Stéphane Mallarmé, *Oeuvres complètes* (Paris, Gallimard, Bibliothèque La Pleiade, p. 1449).

ra apreciar na National Gallery, de Londres, certamente se vinculava ao poema "Diane au bois", de Théodore de Banville[2]:

UN FAUNE

assis laisse de l'un et de l'autre
de ses bras s'enfuir deux nymphes.
Il se lève.

J'avais des Nymphes!
                    Est-ce un songe?
                                   Non: le clair
Rubis des seins levés embrase encore l'air.
Immobile
                                   Respirant:
        et je bois les soupirs.
                                   Frappant du pied:
                    Où sont-elles?
                                   Invoquant le décor:
O feuillage, si tu protèges ces mortelles,
Rends-les-moi, par Avril qui gonfle tes rameaux
Nubiles (je languis encore de tels maux)
Et par la nudité des roses, ô feuillage!

 Logo se desfizeram as ilusões do poeta: sua peça foi considerada inadequada ao palco. Na passagem do teatro ao livro, passaram-se dez anos. Nova é a configuração da segunda versão, "Improvisation d'un faune" – 1875 – também recusada, desta vez pelo *Troisième Parnasse Contemporain*[3]:

"Ces Nymphes, je les veux émerveiller!
                                   Si clair,
Leur naïf incarnat qu'il flotte dans tout l'air
Encombré de sommeil touffu.
                    Baisais-je un songe?
Mon doute, loin ici de finir, se prolonge
En de nouveaux rameaux; qui, demeurés ces vrais
Massifs noirs, font qu'hélas! tout à l'heure j'ouvrais
Les yeux à la pudeur ordinaire de roses."

2. Idem ibidem, p. 1449 e 1454.
3. Idem, ibidem, p. 1455.

As alterações foram profundas: "loin de définir", caminha para a indefinição da *holófrase*, a que já se referia o nosso Araripe Jr.[4], em seu admirável ensaio sobre Raul Pompeia e que era assim definida por Mallarmé: "o verso que, de diversos vocábulos, refaz uma palavra total, nova, estranha à língua e como que encantatória"[5].

Já nesta segunda versão do "Faune", pode-se dizer que a holófrase não se aplica apenas aos versos, mas a blocos de versos, como no fragmento: "*Si clair, / Leur naïf incarnat qu'il flottedans tout l'air / Encombré de sommeil touffu*". O interno e o externo, antes bem demarcados, começam agora a fundir-se – sonho, realidade e desejo, como em *L'année dernière à Marienbad*, de Alain Resnais: "*Mon doute, loin ici de finir, se prolonge / En de nouveaux rameaux*". As atrações sonoras internas de alta definção (*Immobile / nubiles*) dão lugar à difusão sonora, à medida que cresce a ambiguidade (e não que a primeira versão fosse desprovida de sutilezas polissêmicas: *embrase / embrasse; je bois / bois* (bosque) e a reduplicação de *ô feuillage:* no começo e no fim de um conjunto de quatro versos – encerrando sonora e espacialmente as ninfas supostamente ocultas na mata).

A cada recusa, vale a pena observar, Mallarmé respondeu com uma radicalização do poema. A versão definitiva saiu em 1876, em *plaquette* tirada a 200 exemplares pelo editor Derenne – edição de um requinte bibliográfico realmente surpreendente: papéis Holanda, Japão e China; capa em feltro branco do Japão com letras gravadas a ouro; fitas de seda rosa e preto para fechar o volume – e ilustrações de Manet. Dela diria o poeta, no fim da vida, em sua singular sintaxe, aqui desvirgulada: "(...) uma das primeiras *plaquettes* custosas e caixas de bombons mas de sonho e um pouco orientais... "[6].

Com tudo isso ainda havia exemplares dessa obra à venda dez anos depois, 1886. Nesse ano, a um admirador desconhecido, escrevia o poeta: "Você encontrará *L'après-midi d'un faune* com o editor Léon Vanier, que ainda conserva dois ou três exemplares para os amigos desconhecidos. Você pertence ao número deles e eu lhe indico esse esconderijo"[7]. Assim ficou a abertura definitiva do poema:

---

4. Araripe Jr., *Obra crítica*, dirigida por Afrânio Coutinho, R. de Janeiro, Ministério da Educação e Cultura – Casa de Rui Barbosa, 1960, vol. 11, p. 140 e 143.
5. Stéphane Mallarmé, *Divagations* (Paris, Fasquelle, 1949, p. 256).
6. Stéphane Mallarmé, *Oeuvres complètes*, p. 1455.
7. Idem, ibidem, p. 1461.

"Ces nymphes, je les veux perpétuer.
                                    Si clair
Leur incarnat léger, qu'il voltige dans l'air
Assoupi de sommeils touffus.

                          Aimai-je un rêve?

Mon doute, amas de nuit ancienne, s'achève
En maint rameau subtil, qui, demeuré les vrais
Bois mêmes, prouve, hélas! que bien seul je m'offrais
Pour triomphe la faute idéale de roses."

Além da latência de *aimer* – *aimai / amas / même* (*m'aime*) – o que se pode ainda observar de particularmente notável, aqui, é que o requinte da sintaxe estruturada hipotaticamente, eludindo enunciados claros e bem recortados, se dissolve-resolve numa composição paratática de cintilações musicais, simultaneizando o linear – como um fio multiluzcor que se enrolasse em espiral e faiscasse.

Foi o que viu, com razoável exatidão impressionista, o poeta Francis James[8]:

"É cegante a claridade desse poema. A sintaxe dos vinte-e-dois-primeiros versos é a mais pura e a mais exata que um escritor já edificou. Mas não se distingue nada à primeira vista e se, em seguida, se procede à análise, a massa novamente se perde no detalhe – que cumpre de novo desenredar. No entanto, isso quer dizer que as rosas se balançam, que o seu encarnado se reflete na água azul das fontes, cujo frescor, mesclado ao da brisa, luta com o calor e o murmúrio rivaliza com as modulações da flauta. O conjunto dessas sensações recebidas pelo fauno dá-lhe a ilusão de enlaçar as ninfas em flor, contrastando, em meio a elas, como o frio e o calor, o azul e a sombra, o queixume apaixonado e o casto suspiro. Declarei que tudo isso é transparente. Mas nenhum mortal, a menos que seja, em seus momentos perdidos, um despertado adormecido – vale dizer, que seja, ele próprio um poeta – conseguiria perceber uma só molécula dessa vibração solar".

O poema ganha consciência definitiva de escritura e o fauno se realiza na página com as ninfas que modula e escreve – seres de linguagem. Instala-se a *impotência criadora* – com, através e no signo-que-

---

8. *Idem, ibidem*, p. 1464.

-mata-e-regenera-o-sentimento, como diriam, conjuntamente, Lacan e Charles Sanders Peirce.

2. A tradução

Esta proposta de tradução pretende, em sua antieconomia, ser ao mesmo tempo livre e literal, resultando numa *tridução:* três versos para cada verso mallarmaico; livre, enquanto deixa escapar, num verso, esta ou outra informação; literal, enquanto tenta captar, sem o conseguir, em cada três versos, as informações embutidas num só do original: persigo o poema como o fauno às ninfas.

Toda tradução implica metalinguagem, ao nível da criação – intrametalinguagem: não toca apenas o objeto traduzível, mas a natureza do próprio signo. O que há de essencial, próprio e único de um objeto não pode ser traduzido, assim como o que há de único e que faz de alguém *alguém* não pode ser comunicado – e no entanto o que se busca traduzir, o que importa traduzir é justamente o intraduzível, como diria Michel Butor[9].

A presente tradução não busca, óbvio, resolver um impasse insolúvel; ao contrário, busca acentuá-lo, fazê-lo render, pois que aí, nesse interstício talvez possa ser sugerido, sensivelmente, o *quid* da intraduzibilidade – ou "regenerá-lo" esparsamente. Impõe-se, sempre, o cotejo com o original – e algo *terceiro* pode eventualmente trazer para mais perto do leitor aquela qualidade irredutível do *primeiro* que é o objeto se impondo em sua intraduzibilidade. Disse Mallarmé: "Instituir uma relação, entre as imagens, exata, e que daí se possa destacar um terceiro aspecto, fundível (*fusible*) e claro apresentado à adivinhação"[10].

A tradução pretende ser um prolongamento do próprio objeto, melhor dizendo, uma sua projeção deformada naquela sutil abertura entre o preciso e o impreciso – um momento de uma série estocástica de uma tradução de *L'après-midi d'un faune*.

Nenhum verso é privilegiado; acentua-se, sublinha-se o primeiro, para facilitar a leitura; eles se combinam para surtir uma certa música que supra, um pouco, a ausência de rimas. O alexandrino é mantido, mas com desigual vontade e capacidade de perfeição; aqui e ali busca-se um, perfeito, ilhotas arquipelágicas exemplares de um continente

---

9. Do registro mnemônico de uma reunião com Michel Butor, em casa de Leyla Perrone-Moisés, 1967.
10. Stéphane Mallarmé, *Divagations,* cit., p. 250.

submerso, ou montes de acusação de cotas topográficas nas terraplenagens. Ainda aqui, segue-se o pensamento de Mallarmé, para o qual o alexandrino da tradição "nacional" só deveria comparecer, ganhar definido contorno nas "grandes ocasiões" – em meio à vaga e múltipla música do poema[11].

---

11. Idem, ibidem, p. 245. Foram consultadas para a *tridução,* as traduções em inglês de Aldous Huxlev e John McIntyre, e as traduções em italiano de Giuseppe Ungaretti e Alessandra Parronchi.

prince amer de l'écueil

s'en coiffe comme de l'héroïque
irrésistible mais contenu
par sa petite raison virile
      en foudre
soucieux
    expiatoire et pubère
       muet

      rire

     que

       Si

(La lucide seigneuriale aigrette de vertige
       au front invisible
scintille
   puis ombrage

une stature mignonne ténébreuse debout
 en sa torsion de sirène
     le temps
      de souffleter
par d'impatientes squames ultimes bifurquées
    un mystère

     faux roc évaporé en brume

      qui imposa

       une borne à l'infini)

c'était

issu stellaire

le nombre

EXISTÂT-IL
autrement qu'hallucination éparse d'agonie

COMMENÇAT-IL ET CESSÂT-IL
sourdant que nié et clos quand apparu
enfin
par quelque profusion répandue en rareté
SE CHIFFRÂT-IL

évidence de la somme pour peu qu'une
ILLUMINÂT-IL

ce serait

pire
non
davantage ni moins
mais autant indifféremment

LE HASARD

(Choit
la plume

Preliminares a uma tradução do Coup de Dés de Stéphane Mallarmé

...
Silêncio! no ar oiço rumor
D'estrelas... quão cintiladora
Cai do amplo céu! topázion-flor!
  SOUSÂNDRADE
...
oiço, no meio do Martírio vário,
o chocalhar sacrílego dos Dados..
  MARANHÃO SOBRINHO

...
the recumbent constellation which is the signature
of his initial among the stars
JAMES JOYCE, *Ulysses*

1. EXÓRDIO

"————ce n'est que grâce à deux textes
répétés que l'on peut jouir de
toute une partie"

MALLARMÉ

Traduzir o *Coup de Dés* de Mallarmé é, antes de tudo, uma "operação de leitura", no sentido mallarmeano da expressão: dobragem, dobra, dobro, duplo, duplicação, dação em dois, doação – dados (*texte en deux*).

Mallarmé é um *syntaxier* exímio, um perito em elipses e arabescos, um reversor de ordens: "je suis profondément et scrupuleusement syntaxier". Hamlet da sintaxe, suspendendo o discurso num espaço de rupturas, por parênteses e cláusulas hipotéticas, avançando e recuando, por gerúndios e ablativos absolutos, por uma fioritura de apostos, até um vértice / vórtice de dúvida indecidível: "équation sous un dieu Janus, totale, se prouvant". Mais ei-lo também, espeleólogo-etimologista de *Les Mots Anglais,* perscrutando a raiz das palavras, para nelas ressoar cordas ocultas, amortecidas pelo uso idiomático, percuti-las, imantá-las, iluminá-las de imprevistos revérberos: "Il dit en être venu à attacher, à l'origine et l'étymologie des mots, une importance telle que dans sa langue, surtout éprise de latin, il n'use de vocables d'autre origine, grecque par exemple, que par exception: seulement en vue d'un effet" (Fontainas, *apud* Robert Gréer Cohn, *L'Oeuvre de Mallarmé: Un Coup de Dés*). "Efeitos de sintaxe" – e, acrescento, "efeitos de etimologia" – são, como diria Derrida, as "marcas" do discurso mallarmaico, a desafiar o tradutor. Efeitos sutis, delicadíssimos, duplo jogo de filigrana e abismo, onde tudo deve ser medido, mensurado, mentado: co-medido, co-mensurado, co-mentado. No texto traduzido – trans(entre)tecido – afloram apenas as cristas dessa co-operação, labor oculto, que sub-jaz, lastro sonegado de *iceberg* sob a escritura visível das arestas. Como um prático de portos, em manobras de abordagem, o tradutor se deixa ir por entre sirtes, pontas dissimuladas de recifes, diferindo o seu naufrágio e deferindo ao texto, assim dobrado, o seu êxito e/ou fracasso: *mémorable crise.*

2. ESCÓLIOS / ESCOLHOS

"... inutilement peut-être (...) quelque déférence aux scoliastes futurs"

MALLARMÉ

Desde logo pareceu-me útil indicar por glosas – inútil glossolalia se se considera o texto como soma total, performada, em sua cifra última, não a decifrar mas a re-cifrar – os principais escolhos destes passos, uma relação de viagem. A conta em formação, na tentativa de redobrar-se em nossa língua, se reconta nesses escólios.
Mas antes, algumas fontes: servi-me, simultaneamente, para cotejo, de cinco traduções: Rafael Cansinos-Assens, *Una Jugada de Dados* (RCA); Agustin Larrauri, *Un Golpe de Dados* (AL); Daisy Aldan, *A Throw of the Dice* (DA); Carl Fischer, *Ein Würfelwwf* (CF); Marie-Louise Erlenmeyer, *Ein Würjelwurj* (MLE). Destas, embora nenhuma seja propriamente criativa, as mais cuidadas, no cômputo geral, pareceram-me DA e MLE. Vali-me porém, sobretudo, de dois livros de exegese: Robert Gréer Cohn, *L'Oeuvre de Mallarmé: Un Coup de Dés* (Paris: Les Lettres, 1951) e Gardner Davies, *Vers une explication rationnelle du Coup de Dés* (Paris: José Corti, 1953). Serão indicados nas glosas pelas siglas GC e GD. Outras obras, subsidiariamente consultadas, estão referidas na Bibliografia anexa. O livro de Robert Grèer Cohn – há pouco suplementado por *Mallarmé's Masterwork: New Findings* (Haia: Mouton, 1966) – constitui, a meu ver, a mais profunda e sutil exegese do poema constelar de Mallarmé, aplicando à sua leitura, inclusive, técnicas de disseminação e desmembramento anagramático (antes dos trabalhos de Starobinski sobre os manuscritos de Saussure), congeniais ao pensamento mallarmaico, *dispersion volatile* de significantes em perpétuo movimento. Desde a década de 50, os poetas concretos brasileiros (Augusto de Campos, "Pontos. Periferia. Poesia Concreta", 1955; Haroldo de Campos, "Lance de Olhos sobre Um Lance de Dados", 1958) vêm chamando a atenção sobre a obra pioneira desse americano, que só recentemente tem recebido na França a consideração devida, na área sobretudo da revista *Tel Quel* (Sollers,

Derrida; cf. *Tel Quel*, nº 36, 1966, onde Sollers se refere ao livro de R. G. Cohn como *scandaleusement méconnu*).

LANCE (COUP): Perde-se em português a ambiguidade *coup/ coupe* (esta última palavra na dupla acepção de "copo" ou «copa» e "corte", "ato de cortar"; GC aponta nesta conexão o poema "Salut"). LANCE, em compensação, envolve LANÇA, elemento fálico (nível erótico-genésico, um dos planos fundamentais do Poema), em contraposição à matriz feminina, circular, de CIRCUNSTÂNCIAS (CIRCONSTANCES), na qual GC vislumbra o elemento *con,* sempre veladamente tematizado por Mallarmé em descrições da mulher ou do "eterno feminino" (do lat. *cunnus,* por sua vez de *cuneus,* "cunha", donde o inglês *cunt*). Assim como, no original, perpassam ecos rimando em *é/e* e *an,* na tradução temos: lANce / quANdo / lANçado / circunstÂNcias. A repetição LANÇADO reverbera em palavra-montagem LANCE –j- DADOS, justificando-se, assim, na sistemática de um poema que pode ser visto como a expansão tautológica, obsediante, de um gigantesco quiasmo: UN COUP DE DÉS.......... UN COUP DE DÉS (cf. GD: "Le *Coup de Dés* tout entier prend la forme d'un gigantesque chiasme").

BRANCO (BLANCHI), ESTANCO (ÉTALE), FURIEUX (IROSO): Traduzi este pequeno tríptico de adjetivos escalonados procurando uma equivalência rítmico-semântica. *Blanchi* refere-se às "espumas originais", instaurando um paradigma de brancura, cujo desenvolvimento no poema é descrito por GC como uma *symphonie en blanc*. *Étale* é um termo de acepção marinha: *mer étale* significa mar quieto, parado; o adjetivo *estanco* ou *estanque* em português não discrepa desse matiz semântico, envolvendo a ideia de estagnação, suspensão, detença, paragem. Tem a vantagem de reproduzir, quanto possível, a configuração fônica de *étale* e, ainda, rimando com *branco,* de replicar ao jogo bLAnchi/étALe, apontado por GC. Assim como *étale* evoca *été* (GC), *estanco* lembra *estio, estiagem* (do lat. *aestas,* verão, *aestus,* grande calor). IROSO, mais curto que "furioso", tem, figuradamente, o sentido de "tempestuoso", servindo admiravelmente ao contexto, onde *furieux* (elemento cinético, de tensão) contrasta com *étale* (apogeu estático). GD: "Étale à présent après l'orage, la mer est encore fouettée par le vent, blanche d'écume" (nível primeiro, literal, que não esgota, evidentemente, o leque plúrimo do texto). Anagramatização: IrOSO / aBISmO / SOB.

PLANE (PLANE): GD interpreta a palavra como adjetivo, referindo-se a *inclinaison* ("inclinação plana"). GC, a meu ver com razão, indica que sua função principal, no contexto, é de verbo: *planer* ("planar"). DE ASA (D'AILE) faz assim papel adverbial, instrumental: por meio da asa (A SUA / LA SIENNE) do ABISMO, ou que este, como imenso pássaro, suscita. A sinuosidade que GC entrevê (*la sienne / lasse / sein*) estará também no desenho da tradução: de ASA…A SuA… de, curva reptilínea, em quiasmo.

DE ANTEMÃO (PAR AVANCE): Segundo GC, implica, juntamente com MAL, a negação que se encontra paradoxalmente *ab ovo* em toda afirmação (fatalidade, pecado original). O jogo *avance/avant* ("proa", cf. "Salut" cit. por GC) é compensado pela ideia de *mão*, que há em *antemão*, a prefigurar o punho que estreita os dados (p. 2) e a mão crispada (p. 3) da sequência do poema. Como se o Abismo esboçasse, ominoso, um simulacro do lance, frustro. Ver a reverberação de "tumba" (*tombe*) e "tombo" (*tombée*, ato de cair, como "la tombée de la nuit") em RETOMBADA (RETOMBÉE). Fonicamente, temos o grupo AN, que se integra no de lANce e prossegue em cortANdo e hiANte e os efeitos aliterantes em /m/, que se disseminam na página.

DO MAL DE ALÇAR (D'UN MAL À DRESSER) : Se no original há a associação *maladresse* (falta de habilidade, inépcia), que GC não deixa de acusar, na tradução, através do verbo *alçar* (por "erguer"), pude obter: *mal de azar*, evocando assim o próprio "acaso" (*hasard*) e o jogo de dados (do árabe *az-zahr*, o dado). A preposição *de*, em *d'un mal*, faz as vezes de *à cause* de (GD); *mal* é, segundo GC, o *mal originel*. Em português, temos os sentidos de "culpa" ("por mal dos meus pecados"), "doença", "dano" ("sofrer de um mal desconhecido", "provocar um mal") e, ainda, o adverbial de "modo inábil" ("jogar mal"). *Alçar* vem do latim *altiare*, dirigir-se para o "alto", e incorpora as letras de "ala" ("asa"). Mallarmé sobre Hamlet (cit. por GD): "L'adolescent évanoui (…) qui se débat sous le mal d'apparaître".

ESCARCÉUS (JAILLISSEMENTS): Se *jaillissement* envolve *aile* (GC), *escarcéus* ("ondas encapeladas") incorpora fonicamente "céus" e, ainda, "escarpa" ("encosta íngreme, alcantilada", "corte oblíquo"), prestando-se à maravilha ao contexto, rico de conotações. Aqui o céu pesa sobre o mar, rasourando as águas (a grande onda, vagalhão em colapso, do alto da página). GC repara em BONDS (SALTOS) um eco de *ondes* e, nessa evocação do ritmo das vagas, a do ato sexual. COBRINDO, na tradução, capta este subsentido ("céu-mar" formam, no poema, um acoplamento dos princípio masculino e feminino; em francês: *mer / mère*). Em sALTOS, temos a ideia de "altitude", que serve ao contexto. CERCE (pela raiz, rente), para traduzir AU RAS, propicia aliterações favoráveis em português, em torno do fonema /s/, completadas, na harmonização do conjunto, pelas ressonâncias entre CObRiNDO e CORtaNDO.

NO MAIS ÍNTIMO RESUMA (TRÈS À L'INTÉRIEUR RÉSUME): GD aponta *très à l'intérieur* como "locução inabitual", com emprego "insólito do advérbio *très*". *No mais íntimo* é frase cursiva em português; *íntimo*, tautologicamente, envolve "imo" (do lat. *imum*, a parte mais funda). *Resuma*, além do sentido de "resumir" (o mesmo do francês *résumer*), pode evocar, por associação, "ressumar" (coar um líquido, deixar transparecer). É como se o Abismo, cheio de presságios, velasse e revelasse um arcano (o paradoxo, a suspensão oximoresca, fazem parte integrante da poética de Mallarmé): a *soma/suma* das páginas finais do Poema. GC interpreta *résume* como uma *opération de devenir* e estabelece uma relação entre OMBRE e o superveniente NOMBRE (p. 4 e 9 do Poema).

INFUSA NO PROFUNDO (ENFOUIE DANS LA PROFONDEUR): Na configuração desta linha-membro em português esteve presente a reminiscência do verso camoniano: "No mais interno fundo das profundas / Cavernas altas, onde o mar se esconde; / Lá, donde as ondas saem furibundas..." *Infusa*, particípio de "infundir" modelado na forma latina (como em "ciência infusa"), mantém alguma semelhança fônica em relação ao original francês, além de entrar em contágio sonoro com proFUNdo e proFUNdeZA. O significado acessório de *infusa*: "bilha", "vaso", convém ainda ao contexto, pois a *sombra infusa* é também um "vaso", um "navio naufragado", uma *coque* ("casco de navio"). Na versão *Cosmopolis* do Poema, em lugar de *profondeur* estava *transparence* (o que corrobora minha interpretação acima a propósito do velar e revelar ambíguo do Abismo, justificando, em português, a associação com "ressumar"). GC descobre em *profondeur* o grupo *onde, rond, sonder*. Em português, como no verso-pretexto camoniano, temos o jogo com "onda" (na forma latina *unda*). A conotação genésica "órgão feminino", "matriz" ("en un puits... ombre", *Igitur*), vislumbrada por GC, é mantida na tradução.

HIANTE (BÉANTE): *Hiante,* que tem a boca aberta, largamente aberto ("abismo hiante") da mesma origem que "hiato" (em lat., *hiatus:* boca ou goela aberta, boqueirão, abismo). Traduz perfeitamente o francês *béante* (*gouffre béant*), como já propus *hiância* para a *béance* lacaniana. A palavra carreia ainda a associação sonora com HIAlino (que tem a aparência ou a transparência do vidro), adequada à descrição do mar. Notar o AN que se prolonga em enquANto, integrando-se na série correspondente que vem desde IANce. O elemento ANTE, indicando "anterioridade", "preexistência" (cf. GC) existe em português e em francês (béANTE, tANT). Ligação com ANTEmão (como em "par AVANCE").

NAU (BÂTIMENT): A palavra *nau,* usada na tradução, está anagramatizada em enqUANto. GC comenta: "a sombra se adapta a um oco, que se arredonda em *casco* – matriz". E estabelece o paradigma: navio – mulher – vaso da vida humana. GD interpreta: "O Abismo se esforça por evocar a imagem do navio, de início substituindo a vela desaparecida por uma imaginária (...) Esse velame imaginário autoriza o poeta a falar em seguida de uma envergadura (...) Para completar a evocação da nau desaparecida, o Abismo chega até a adaptar a essa envergadura suas profundezas marinhas" (De passagem, GD nota a insólita supressão da preposição *à* em *jusqu'à adapter,* só a julgando plausível por razões de eufonia). *Nau* é navio de vela, de alto bordo, entrando inclusive em expressões figuradas como: "Lançar nau ao mar" (realizar empresa difícil).

PENSA (PENCHÉ): A forma participial portuguesa, mais próxima da latina (de *pendere,* pender, ponderar, pesar), permite uma associação ambígua com o indicativo de "pensar" (do lat. *pensare,* pesar, comparar, refletir, avaliar). Como se a hesitação em "pêndulo" (GD) da nave anunciasse as vacilações do *Mestre,* mais adiante, cujo pensamento oscila entre jogar ou não os dados. GC adverte: "no *Lance de Dados* cada página contém em germe as seguintes", esboçando, desse ponto de vista, uma comparação entre o Poema de Mallarmé e a obra última de Joyce, *Finnegans Wake* (Finnicius Revém). Em *pen* de *penché* GC entrevê o "princípio masculino" (pênis, pena – a *pluma* da p. 7), por oposição a *bord,* que também significa "os bordos de um vaso". Na tradução, ficou preservada essa possibilidade de deslinde (*bordo,* num dos seus sentidos, é o mesmo que "borda", beira).

FORA (HORS): Adotei a tradução *fora* por melhor corresponder à configuração da palavra usada no original. Ademais, os dois sentidos concomitantes de "sair fora" (emergir) e "alheio a", "longe de" (como em "andar fora do mundo") e, ainda, o de "além de", ficam de certo modo preservados na interrupção sintática: o *Mestre* (*Maître*), segundo GC, exsurge de "lances de dados anteriores" e, por outro lado, o seu lance fundamental (*acte générique*) será tentado de maneira "alheia" ou "para além" de outros cálculos mesquinhos (*mesquins calculs*), triviais. GD interpreta: "fora do alcance de todo socorro possível (os *anciens calculs* seriam os que servem de base à navegação). *Fora* contém sonicamente *hora* (ideia também presente no texto original, segundo GC) e ressoa em bORdo / manObRA / outRORA.

MANOBRA (MANOEUVRE). Em português, os elementos "mão" + "obra", separáveis etimologicamente também em francês, permitem a ligação com "antemão", palavra introduzida na p. 3. Agora, trata-se da aparição do *Mestre,* o "mensurador" e ordenador (em francês, *maître / mètre;* em português, menos evidentemente, *mestre / metro*), o homem em geral, como H.C.E. (Here Comes Everybody / Heis Cadaqual Evindo) no *Finnegans Wake,* o Pai Primevo. GC o vê também como *homo faber: manus* (mão) / *humanus / man* (inglês, homem). Em português, como em francês, temos a expressão: "mãos à obra" ("mettre la main à l'oeuvre"). *Olvidada,* referindo-se a *manobra* ("manobra olvidada com a idade" é a ordem direta), introduz neste ponto, na tradução, uma reminiscência dos *dados,* da p. 1.

EXSURTO INFERINDO (SURGI INFÉRANT): GC comenta: "*surgi* – termo de marinha, "elevar-se em direção à terra", utilizado com notável propriedade". *Surto* (do lat. *surgere, surrectus*) significa isoladamente em português: "irrupção", "arrancada", "voo" e, ainda, "ancorado", "fundeado" ("navios surtos no porto"). Como particípio de "exsurgir" ("erguer-se", "levantar-se"), tem por étimo *ex-surgere. Inferindo* (*inférant*): "forma rudimentar, pragmática, de raciocínio" (GC). Segundo GD, o *Mestre,* do aspecto do mar e do horizonte ("dessa conflagração a seus pés etc"), conclui que o *Número* se prepara em sua mão fechada. A cláusula "outrora ele empunhara o leme etc." seria uma explicação parentética de *inferindo*. Nessa linha de ideias, penso que melhor seria vê-la como uma expansão apositiva de o *Mestre,* equivalendo a "antigo timoneiro". Se acompanharmos GC, a cláusula que começa com "outrora" será um objeto direto oracional de *inferindo;* "dessa conflagração etc.", que GD considera "complemento circunstancial de *inférant*", será objeto indireto do mesmo verbo. Ainda conforme a leitura de GC, "que se prepara etc." constitui um novo objeto direto oracional, estando elípticas conexões conclusivas do tipo "e portanto" (vale dizer: assim como ele outrora teria sido, presumivelmente, o Mestre do Universo, poderia mais uma vez voltar a sê-lo, através de um novo lance de dados, em preparação, herança de seus ancestrais). Usei *leme* em vez de *barre* (trata-se da "barra" ou "cana do leme"; em francês "leme" é *gouvernail*), por me parecer palavra mais rendosa, fonicamente, no texto português, permitindo a sequência: EMpunhara / lEME / unânIME, com repercussões ainda em MEscla / aMEaça / núMEro / tEMpEstade / noME / hoMEM / sEM.

MESCLA (MÊLE): *Mesclar* significa misturar, amalgamar, unir, incorporar, podendo ser também verbo pronominal. Adotei esta forma, em lugar de *mistura,* pela maior proximidade sonora em relação ao original. GD anota a elipse do pronome reflexivo diante de *mêle* e dá *au poing* (no punho) como "complemento de lugar modificando *se prépare, s'agite et se mêle*".

QUE O ESTREITAVA (QUI L'ÉTREINDRAIT): *Que* (*qui*) substitui *punho; o* (*le*) está em lugar de *Número* (*Nombre*): o total dos dados que se agitam e mesclam na mão do *Mestre. Estreitar* e *étreindre* têm a mesma origem: o lat. *stringere* (apertar). Em português como em francês, o verbo é usado nas acepções de "apertar fortemente", "apertar nos braços". Nesse sentido, a tradução, como já adverti, estabelece um diálogo filológico, em palimpsesto, com o texto original. O punho que estreita os dados, erguendo-se do mar, *ameaça* (*menace*) os ventos do destino, em metafórico desafio.

PARA O ARROJAR (POUR LE JETER): *O* (*le*) refere-se a *Nombre* (*Número*). *Espírito* (*Esprit*), para GD, é um aposto de *Mestre* ("Para realizar o lance de dados, para arrojar o Número na tempestade, ele – o *Mestre* – deve transformar-se em puro Espírito", despojando-se de seus atributos particulares). Para GC, o *Espírito é,* aqui, uma "versão derivada do Número" (cf. Mallarmé: "la dispersion volatile soit l'esprit"), emanação sob forma de pensamento do *Lance* inicial, o leite universal ou "soma" (no sentido hindu), Luz Total. Segundo a leitura de GC, portanto, *Espírito* vem a ser uma aposição expansiva de *Número*. Antes do que um motivo religioso, trata-se de um tema prometeico: ou, como assinala GC, da "tentativa do Homem para elevar-se à divindade". *Arrojar*, traduzindo *jeter*, permite a correlação sonora com *jogar* (*jouer*), e envolve ainda a ideia de arrojo, ousadia; ambos os verbos, em francês como em português, estão ligados ao paradigma semântico do *Lance* (aliás, na edição *Cosmopolis*, lia-se mesmo *pour le lancer*).

REPREGAR-LHE A DIVISÃO (EN REPLOYER LA DIVISION): *En* ("lhe") refere-se a *Nombre* (*Número*). Emprego o verbo *repregar* no sentido de voltar a "pregar" (unir, juntar) o que estava "despregado" (solto, apartado). *Reployer* é o mesmo que *replier*, significando "dobrar de novo o que estava desdobrado" (de *pli*, "prega", por sua vez do lat. *plicare*, dobrar). No texto mallarmeano, cf. GD, o sentido é de adição do que estava dividido, das duas cifras dos dados no *Número único*; GC fala em "reconduzir a dualidade ou o devir ao Ser" (ou seja: união do *Espírito* e do *Número*). O subsentido de "rede que se desdobra e colhe a presa", registrado por GC (o *Espírito* como rede atirada ao mar tempestuoso para pescar o *Número*), está preservado no verbo escolhido, que busca, no possível, reproduzir em português o recorte fônico do original.

PASSAR ALTIVO (PASSER FIER): *Hubris*, o orgulho desafiador do *Mestre*. *Altivo*, na tradução, integra-se no paradigma de "altura" (*alçar*), associando-se também com o "arrojo" de *arrojar*. GC aponta que *passer* é ainda um termo de jogo; o mesmo se dá em português ("não jogar um lance em certos jogos"). Nesta última acepção, o termo incorpora-se ao motivo da "hesitação", desenvolvido a seguir. GD vislumbra uma ideia de "passamento" (morte) no verbo: jogando os dados, o *Mestre* poderá "passar" (morrer) orgulhoso de ter cumprido seu dever para com os ancestrais.

APARTADO (ÉCARTÉ): A escolha da palavra *apartado* justifica-se por toda uma tessitura sonora, que vem desde prePARA e percorre a página, até chegar em PARTiDA, sem esquecer os efeitos de coliteração em guARDA e BARBA. Envolvendo, por associação', as ideias de "partir" (p. ex., "partir um baralho") e "partida", entra na área semântica de jogo, assim como *écarté* significa também, segundo GC, um "jogo de cartas". O elemento *art* / "arte", registrado ainda por GC, ficou preservado. Na seleção do termo, haverá talvez uma reminiscência camoniana do tradutor: "Já no alto oceano navegavam, / as inquietas ondas apartando".

UMA INVADE A CABEÇA (UNE ENVAHIT LE CHEF) : *Uma* (*une*) substitui *onda* (*flot*), constituindo, conforme assinala GD, um emprego do artigo indefinido em função pronominal. *Chef,* sendo palavra masculina em francês, significa ao mesmo tempo *a cabeça* (do *Mestre* a submergir, *cadáver encanecido* já em potencial) e *o cabeça* (vale dizer: o chefe, o próprio Mestre em sua dimensão de guerreiro ou chefe de clã).

BARBA SUBMISSA (EN BARBE SOUMISE): A onda que banha a cabeça do náufrago acrescenta-lhe uma barba de espuma. Em português, por motivo de eufonia e concisão, eliminei a preposição *en,* fazendo de *barba submissa* um aposto de *uma* (*onda*), em vez de adjunto modal de *coule* (*escoa*). Notar o efeito gráfico do *uma* pronominalizado e destacado no branco da página, como que a figurar a onda a abater-se sobre a cabeça do Mestre.

SEM NAU... ONDE VÃ (SANS NEF... OÙ VAINE): Em francês temos o nítido grupo sonoro *chef / nef,* preparado por *chenu* (*encanecido*). Na tradução, fica preservada a aliteração em /k/ (CAdáver / maníACo / enCAnecido / CAbeça) e se estabelece uma harmonização entre submISSa e eSSE. Usei *nau* em vez de "nave" (também plausível) para retomar o som de NAUfrágio e por ser um monossílabo, o que me possibilitava uma reprodução mais fiel do desenho original e um jogo virtual com "não" (GC aproxima *sans nef* do famoso *nul ptyx* do "Soneto em ix"). Na tradução, *onde vã* pode ecoar "onda vã", acrescentando um acorde desejável ao contexto. *Où,* para GC, refere-se a *naufrage* e *vaine,* elipticamente, deve ser entendida como "vã tentativa". Para GD, "n'importe ou vaine" diz respeito a *sans nef:* o navio, mesmo que exista algures, não serve mais de auxílio ao homem, nesse seu "naufrágio direto". GC vislumbra no elemento *avre* (*havre* = porto) de *cadavre* uma primeira insinuação desse mallarmeano *nul port.*

EM NÃO ABRIR (À N'OUVRIR PAS): Abrir a mão e jogar os dados seria cumprir a vontade ancestral; *não abrir* sublinha a recusa hamletiana de agir, mola principal da hesitação do Mestre. Tanto GC como GD põem ênfase nesse aspecto de negação, nessa perspectiva de recusa.

TESTA (TÊTE): Traduzi *tête* metonimicamente por *testa* (em vez de "cabeça") para evitar a repetição de palavras e por necessidades fônicas. *Testa,* ademais, como repara GC, se associa semanticamente a *legs* (legado, testamento). Em português, temos expressões como "o testa-de-

-ferro", "à testa de", que ressoam na palavra escolhida, lexicalizando-a de certo modo.

O VELHO VERSUS ESTA (LE VIEILLARD VERS CETTE): Traduzi *vers* por *versus* no sentido latino "em direção a", o que me permitiu preservar a ambiguidade com "verso" (do lat. *versus*, sulco, renque de árvores, linha escrita, verso). MLE adota solução nessa linha: "einführend / den Vers Greis diesen letzten ZusammenfaU", superpondo as duas traduções possíveis: "den greisen Vers" e "den Greis in (*vers*) diese..." A minha tradução parece-me mais cursiva em português, além de justificável ainda por sonoridade e concisão. Décio Pignatari, em seu poema-homenagem a Mallarmé (cf. Bibliografia), um poema-crítico sobre um poema crítico, leva às últimas consequências a exegese de GC, lendo supletivamente: "Le vieil art vers sept", vale dizer: o velho verso (a velha arte) em direção a (*versus*) sete (número das estrelas da Grande Ursa, a "constelação" e o "cálculo total" da página final). Nessa decodificação iluminadora, pode-se vislumbrar ainda uma resposta ao vaticínio do prefácio do Poema ("sans présumer de l'avenir qui sortira d'ici, rien ou presque un art"), onde o *Coup de Dés é* anunciado como um "novo gênero" (a "sétima arte", numa época em que o cinematógrafo, inventado em 1895 pelos irmãos Lumière, apenas engatinhava?), que, no entanto, a seu lado, deixava "intact l'antique vers". Evidentemente, não pude preservar essa leitura à Roussel da linha mallarmeana, mas, pelo menos, como um indicador de rotas, deixei aquele *versus* ambíguo marcando a semáforo a "conjunção suprema"...

AFAGADA E POLIDA E DEVOLTA E LAVADA... SUAVIZADA... SUBTRAÍDA (CARESSÉE ET POLIE ET RENDUE ET LAVÉE... ASSOUPLIE... SOUSTRAITE): Tive a preocupação de manter o ritmo e, quanto possível, a configuração fono-semântica do original nessa série de adjetivos participiais. *Rendue:* tem os sentidos de "chegar ao destino" e de "devolver" (*rendre*), donde a minha solução *devolta* (devolvida) e, também, por associação, *de volta*.

NATO DE UM EMBATE (NÉ D'UN ÉBAT): *Nato,* em vez de "nascido", possibilitou-me o jogo com *embate,* além da mantença da sugestão de negação, apontada por GC em *né* (*nato* pode levar a "não ato"); a mesma ambiguidade já estava, em cima, em *desaparição* ("falecimento", no sentido figurado, e, por desmembramento, *parição,* "*ato de parir*"; cf. GC "part: enfant nouveau-né"). *Ébat* (ou melhor, *ébats*) tem a acepção de "movimentos alegres", como num jogo inconsequente (*ébattre* vem de *battre*, bater). GD dá ao termo, no vocabulário do poeta, o sentido de "união carnal". Mallarmé aplica-o às ondas: "Écumait toujours en ébats" (no soneto sobre Vasco da Gama). *Embate,* que em português se diz das ondas ("embate das ondas"), embora literalmente infiel ao vocábulo francês, tem amplo cabimento estético no texto da tradução. Veja-se Derrida, "La Double Séance": "… *ébat* et *débat* de la langue".

AS ÁGUAS (LA MER): Sendo *mer* palavra feminina em francês e masculina ("mar") em português, tive que recorrer a *as águas,* para preservar a imagem do conúbio (*conjunção*) do velho navarco e do princípio feminino, maternal. GD salienta que *mer / mère* é um "jeu de mots classique", registrando a predileção de Mallarmé "pour des calembours de se genre" (GC, *Mallarmé's Masterwork,* critica GD, com razão, pelo fato de este último, não obstante, geralmente contentar-se apenas com o sentido literal, não alusivo, do texto mallarmaico).

RESSURTO ÂNSIA INSTANTE (REJAILLI LEUR HANTISE): *Rejaillir,* de *jaillir,* tem, segundo GD, o sentido de irromper na realidade. Tem, obviamente, ligação com os *jaillissements* (*escarcéus*) da página 3. GD dá à forma participial, no contexto, o sentido de "re-surgido" : o *véu de ilusão,* como um "véu de noiva", é o último obstáculo à união, às núpcias efetivas (*fiançailles* se refere, antes, a preparatórios nupciais). *Leur hantise,* para GD, é um aposto a *voile d'illusion,* sendo que *leur* (deles) diz respeito ao par ancião/águas (o "suspense" do lance de dados obsidia a ambos, retardando a consumação do conúbio / conjunção). Por eufonia, como por economia sintática na tradução, eliminei o "deles", fazendo de *ânsia instante* (*hantise*) um aposto de *véu de ilusão ressurto* (ressurgido), sem necessidade de remissão pronominal. Em *ressurto* cruzam-se "ressurgir" (surgir de novo, ressuscitar) e "ressurtir" (saltar com ímpeto, surgir, aparecer). *Ânsia instante* é uma espécie de anagrama semântico de hANTISe; *instante* está empregado como derivação de "instar" (estar iminente, insistir), no sentido etimológico (lat. *instare*), como em Lacan ("L'instance de la lettre dans l'inconscient"). "Sua obsessão" seria, evidentemente, inviável do ponto de vista estético…

INSÂNIA (FOLIE): Das *fiançailles,* mera miragem nupcial do Mestre com as águas-probabilidade, resulta *folie,* a loucura-obsessão do ato inane, de antemão condenado ao fracasso. *Folie,* com sua etimologia *follis,* balão, bolsa (em *Igitur* seu anagrama é *fiole,* "frasco", símbolo do "vaso da vida" reminiscente da "dive Bouteille" rabelaisiana), entra numa sequência aliterativa em /f/ que começa em *Fiançailles* e passa por *fantôme* e *affalera*. Na tradução, procurei recuperar esse efeito da seguinte forma: núpCIAS / IluSÃo / ÂNSIA / INStANte / fANtASma / vACIlará, tudo desembocando em INSÂNIA. A "queda do véu ilusório" (por sua vez associado à *vela alternativa* da p. 3, *voile* significando em francês "véu" e "vela"), marcada por um termo marítimo (*affaler* = arriar, como em "arriar as velas", donde a tradução por *abater*, no sentido de "baixar", "fazer descer"), é comparada ao *fantasma de um gesto* (lance frustro). INSÂNIA permite associações com "sanha" (fúria) e "sânie" (o sangue corrupto, triste simulacro do tributo himenal não vertido; cf. a paronomásia *hymen / hymne,* cara ao pensamento mallarmaico). O poeta--bufão, *fou du roi,* referido por GC, poderá ser descoberto aqui no *sannio* latino (arlequim, palhaço). Essa *Folie* do poeta-bufão (caricatura do bardo, mestre do canto) porta, à guisa de *marotte,* a *inútil testa* do náufrago, cabeça à deriva, cetro derrisório. GD observa que as formas verbais no futuro (*vacilará, se abaterá*) indicam uma antecipação do desenvolvimento da ação, que só se consumará na p. 9, com *Choit la plume.*

JAMAIS ABOLIRÁ (N' ABOLIRA): Uma das principais dificuldades está, justamente, nesta etapa da frase-título. Era preciso manter o caráter "diretamente negativo" da expressão, o que, em francês, resulta naturalmente. Em português, não sendo admissível a dupla negação (*jamais... não*), optei pela repetição, em cadência, do JAMAIS inicial, cujo matiz negativo, aliás, afeta o contexto (*folie... n'abolira*), pois se o sujeito de "não abolirá" é o *Lance de Dados,* seus sucessivos avatares, da "asa retombada" da p. 3 ao "fantasma de um gesto", são outros tantos sujeitos vicários da mesma impossibilidade. Dentre as traduções consultadas, CF ("... NIEMALS... NIEMALS AUSLÖSCHEN WIRD...") e DA ("... NEVER... NEVER WILL ABOLISH...") advertiram o problema e resolveram-no pela repetição do advérbio de negação. Uma nota positiva, afirmando a abolição do acaso, perturbaria o desenrolar hipotético e dubitativo da ação-inação do Poema.

EM IRONIA (AVEC IRONIE): Na substituição de *com* por *em* ganha-se uma sílaba (por elisão), o que favorece o ritmo da tradução, mantido o caráter de adjunto modal da expressão. *Insinuation,* como repara GD, tem aqui o sentido etimológico de "introduzir-se em", "penetrar em" (lat. *insinuare,* insinuar – *insinuação,* em port.). O sentido figurado, de "sugestão sutil", também opera, é claro. Segundo GD, o Mestre pode deixar-se submergir no mar-silêncio (*uma insinuação simples*), calando o segredo (os dados) ironicamente, ou então manifestar o mistério (*hurler: uivar*, etimologia: lat. *ululare*), jogando ("precipitando") os dados. Mas a insinuação é também interpretável como a *pluma solitária* da página seguinte, com seus volteios sinuosos ("sinueuses et mobiles variations de l'Idée", Mallarmé cit. por GC) *em torno ao vórtice.*

VÓRTICE (GOUFFRE): *Vórtice* traduz *gouffre* com a vantagem de aliterar com ESVOaça e ligar-se, ainda, a inDICIo VIrGEm. O "esvoaçar" fica, assim, desenhado sonoramente na página.

INDÍCIO VIRGEM (VIERGE INDICE): O *indício* (índice) pode ser entendido aqui no sentido semiótico de Peirce: signo que tem uma relação real, causal, existencial com seu objeto, como um sinal natural, um sintoma físico ou um dedo que aponta (ficam assim englobadas as acepções cumulativas de "indício", "índice", "indicador", "indigitar"). A *pluma solitária* da página seguinte, aposto de *insinuação simples,* é este *index virgem* (branco), *indício* também do próprio *Abismo* da p. 3, *blanchi* (*branco*). A imagem é entretecida, ainda, por alusões à "pena branca" do artista e ao papel sobre o qual ela escreve (se *embalança*). GD interpreta: "o rodopio da pluma resume a incapacidade do Abismo de dar qualquer indicação sobre o desfecho do drama" (cf., mais adiante, *neutralidade idêntica do abismo*). *Lhe* (*en*) refere-se a *gouffre*, de que a pluma esvoaçante, embalançada pela *insinuação simples,* é um *indício* perplexo, angustioso.

PERDIDA (ÉPERDUE): Preferi manter *perdida* (como em "amar perdidamente", "perdida de paixão"; o *Pequeno Dicionário Brasileiro* registra: "naufragado", "extraviado", "apaixonado"), que envolve o sentido de "enlouquecida", aproximando-se mais da configuração sonora do original. GD: *éperdue* "descreve o movimento sugerido pelo verbo *voltige*".

GORRO (TOQUE): Trata-se do *gorro* negro (*de meia-noite*) do príncipe por excelência da dúvida, Hamlet (figura em que passam, ainda, notas de Poe, Villiers e do próprio Mallarmé). O sentido subsidiário de "toque" ou badalada de relógio (soando a meia-noite) perde-se, infelizmente, na tradução, embora seja mantido o "tempo" de noturnidade.

ENRUGADO (CHIFFONNÉ): *Enrugado,* em lugar de simplesmente "amassado", "amarrotado", permitiu-me o jogo simultâneo com a tônica velar de velUdo e com GARGAlhADa (*esclaffement*). GD vê no *velours chiffonné* uma evocação da superfície "sombria e enrugada do mar". GC descobre em *velours, ours* (urso) e, assim, uma alusão paródica à "Grande Ourse" (*brancura rígida*), como também, em acepção coloquial, a uma "obra literária ou teatral difícil de ser encenada" (caricatura, no caso, da própria Obra mallarmaica). Na esteira desses *mots en écho,* poder-se-ia ler em *veludo,* supletivamente, *vel ludus* (lat.): "*ou jogo*" (o *Larousse* registra um "jeu de l'ours"...).

MUITO (TROP): A *brancura rígida* da *pluma,* embora exígua, é demasiado contrastante face ao céu escuro, para deixar de *marcar* (no sentido que tem "marca" na linguística atual, elemento distintivo suficiente para tornar relevante uma oposição) aquele que a ostenta.

DE ALGO HERÓICO (DE L'HÉROÏQUE): Introduzi *algo* (insinuando a leitura anagramática, subliminar: "fidalgo heroico", em *coife como de algo*), para permitir tanto a leitura preconizada por GC (*héroïque* referindo-se a *rire,* na página seguinte), como a proposta por GD (para quem *héroïque* se reporta à *pluma* e, por extensão, ao *gorro* que a *imobiliza*). *Riso,* na minha tradução, pode funcionar como aposto de *algo heroico,* explicando o "algo".

RELÂMPAGO (EN FOUDRE): *En foudre,* na tradução, passa de adjunto modal a aposto de *raison virile,* pois eliminei a preposição e mantive apenas o substantivo. A associação erótica *foudre /foutre,* acentuando o aspecto fálico da *pluma* (*brancura rígida*), perde-se na tradução, embora a ligação apositiva entre *relâmpago* e *razão viril,* reforçada pela aliteração em /r/, não deixe de produzir um efeito catártico, de disparo ou descarga elétrica. Lembrar a palavra-trovão de Joyce, que anuncia a "queda" no FW.

ANGUSTIOSO (SOUCIEUX): a angústia hamletiana, dúvida existencial. GC: "O poeta angustiado", oprimido pelos céus (*sous deux*). O sentido etimológico de *angustiae* (lat: "passo ou lugar estreito", donde *angustus,* "estreito", "apertado") junta um matiz desejável à tradução.

RISO QUE SE (RIRE QUE SI): GC elucida: "O riso do artista lúcido (...) Nesse ponto o texto se interrompe, para ser retomado e completado na página seguinte... *c'était le Nombre ce serait le Hasard*, o que significa que toda tentativa contém o germe de seu próprio fracasso. O resto da página 8 é um comentário entre parênteses". GD vê em *Rire que si* uma proposição elíptica, equivalente a "le plus drôle, c'est que...". Como se, insinuada em um riso de lucidez irônica, o Mestre-poeta tivesse a súbita premonição do desfecho fatal de seu ato em potência. O SI (em português, graficamente SE, mas fonicamente SI) é como que expelido do héSIte/heSIta da p. 4, reverberando nos COMME SI (COMO SE) da p. 6.

PENACHO (AIGRETTE): A *aigrette* é uma versão elegantizada e simultaneamente "degradada" (caricaturada) da *pluma* esvoaçante da página anterior, a pena do artista-Hamlet, o Homem-Pena (cf. Shem, "The Penman", no FW de James Joyce). *Penacho* reproduz o efeito em português (os dicionários registram ainda o sentido figurado de "comando", "governo": "ter ou tomar o penacho" = "ter ou tomar o poder"). *Lucide* (*lúcido*) está primeiramente utilizado no sentido etimológico (lat. *lucidus,* luminoso, brilhante), evocando a *brancura* da *pluma* original, que encima, como um tope, o *gorro* negro sobre a *ponte invisível* do poeta, *lamentable seigneur*. Mas a acepção de "lucidez" também está implicada na imagem. GC liga a "invisibilidade" ao "anonimato" do poeta moderno, assimilando o seu *gorro de meia-noite* aos "chapéus mágicos" dos contos de fadas, que têm a propriedade de tornar invisíveis aqueles que os usam. Cf. Mallarmé: "L'oeuvre pure implique la disparition élocutoire du poète..." *Aigre* (azedo) em *aigrette* liga-se ironicamente a *amer* (*prince amer*); cf., na tradução, elemento *pena* (sofrimento) em *penacho*.

SOMBREIA (OMBRAGE): *Ombrage* associa-se a *ombre puérile* (*sombra pueril*) da p. 5, mas significa também "aparecer sobre" ("panache qui ombrage un casque", *Larousse*). Em português, temos os sentidos de "cobrir com sombras" e de "dar sombreado a um desenho". Ambos convém ao texto, existindo ademais em sombREIA uma afinidade sonora com sEREIA e EREtA. *Cintila então sombreia* parece uma réplica ao contraste branco-negro que marca a aparição de Hamlet na página anterior.

FRÁGIL (MIGNONNE): A *sereia* é uma espécie de "anjo andrógino", símbolo para o qual convergem vários outros do Poema (o *ulterior demônio imemorial*, a *sombra pueril*, o *príncipe amargo do escolho* – Hamlet das páginas precedentes). *Mignonne* reúne as acepções de "delicada", "graciosa", "predileta", "querida", além do sentido subsidiário de "tipo miúdo de imprensa". *Frágil* (vinculando-se fonicamente com estatuRA) pareceu-me a solução mais adequada na tradução, transmitindo o (GC) "aspecto *raté* do artista delicado (...) em contraste com sua qualidade *viril*". Graficamente, os // de *frágil, esbofetear, bifurcadas* e *falso* podem evocar a "cauda da sereia", assim como o S de SE (para o qual Mallarmé, em nota ao tipógrafo, pedia uma atenção especial; ver menção às provas do Poema, corrigidas por Mallarmé, na Bibliografia) poderá lembrar a *torSão* dessa sereia-dúvida.

SOLAR FALSO (FAUX MANOIR): O *escolho*, rochedo de Hamlet da página precedente, dá agora lugar a uma *rocha* encimada por um castelo-fantasma, *solar falso*. Segundo GC, há aqui uma evocação ambígua da Obra, necessariamente falida. Cf. Mallarmé: "Tel est le plan de mon volume lyrique, et tel sera peut-être son titre: *La Gloire du Mensonge* ou le *Glorieux Mensonge*". GC associa a *manoir* as ideias de *hoir* (herdeiro, o castelão Igitur perante seus ancestrais, o herdeiro da *Maison Usher* de Poe) e *noir* (negro, tenebroso). Em português, intervém uma nota de "sol" (o *solar falso* poderia então evocar aqui "le soleil noir de la Mélancolie", de Nerval). Cf. este oximoro mallarmeano: "Retourne vers les feux du pur soleil mortel". GC registrara no cenário do poema, na palavra *conflagração* (p. 4), do lat. *conflagrare*, "arder", "queimar", uma referência ao sol poente, que Mallarmé compara a um navio naufragando (no texto "Or"). MLE, em seus comentários, associa as sereias (golfinhos), que emergem e voltam a submergir, ao sol no seu curso diário.

DE SÚBITO (TOUT DE SUITE): Tive a preocupação de me aproximar aqui, o mais possível, do recorte sonoro do original. Notar o jogo de tônicas: Últimas/sÚbito/brUmas, além de outros apoios harmônicos.

QUE CHANTAVA UM MARCO NO INFINITO (QUI IMPOSA UNE BORNE À L'INFINI): *Chantar*, "plantar uma estaca", é usado em contextos de tomada de posse e demarcação, ilustrando bem a ideia de conquista efêmera, de *hubris* evanescente, que há nesta passagem do Poema. Fonicamente, prolonga roCHA... que CHAntava. A associação com "cantar" (o "canto das sereias" conduzindo à perdição) introduz uma conotação desejável. Usei o tempo verbal no imperfeito por motivo de eufonia, sem dano semântico. Para GD, trata-se aqui, simbolicamente, de uma rejeição do conceito de "infinito matemático" (que implica um perpétuo sobrepujar do finito e, portanto, uma limitação constantemente renovada), em prol de uma verdadeira concepção do Infinito que resolva essa contradição. Assim, o *solar falso, marco* limitador do Infinito, seria um derradeiro obstáculo à evocação do *Número* absoluto, *cálculo total*. GC sublinha o caráter de pedra tumbal, monumento tumular, desse rochedo-castelo (criação humana) mentiroso. *Marco* é um prolongamento harmonioso de solAR, como infinITO o é de súbITO.

FOSSE... SERIA (C'ÉTAIT...CE SERAIT): A reduplicação do SE condicional, imbricando-se nas formas verbais, concorre para a tautologia do texto. Décio Pignatari (*loc. cit.*) propôs uma chave para o enigma não vislumbrada (tanto quanto pude averiguar) pelos exegetas do Poema, a saber: "Si sept est le Nombre / Cesserait le Hasard". Nessa hermenêutica rousseliana, mais uma vez irreproduzível, parece estar expresso que, se a cifra 7 (como as 7 estrelas da Constelação da Ursa) pudesse jamais aparecer sobre a única face de um dado absoluto (totalizando dois em um), o acaso estaria assim abolido...

ÊXITO ESTELAR (ISSU STELLAIRE). GC interpreta: "obra iluminada, derivada do Fogo total". *Issu,e* significa: "procedente", "descendente", "oriundo"; e ainda: "saída", "desembocadura", "êxito", "resultado", "fim". Escolhi *êxito* tanto pela configuração sonora, como pela proximidade etimológica, do lat. *exitus* (saída), mantido no inglês atual *exit* (*issue* vem do ant. francês *issir*, sair). *Êxito* funciona ainda como réplica-negação de *hesito* (as hesitações constantes do Hamlet-poeta).

DIVERSO DA (AUTREMENT QU'): GD salienta a condensação do pensamento, que acarretou a supressão de um *comme*, exigido pela sintaxe normal ("autrement que comme..."). Procurei manter o laconismo dessa abreviatura sintática, introduzindo ainda uma alusão a "verso" (o poema absoluto, *êxito estelar*) em *diverso* (diferente *da alucinação*, mas também, por desmembramento, "... verso da alucinação").

SURDINDO ASSIM NEGADO E OCLUSO QUANDO APARENTE (SOURDANT QUE NIÉ ET CLOS QUAND APPARU): Trabalhei etimológica e sonoramente na tradução desta linha-membro. O *assim* é ambíguo, podendo significar "assim que" e "tão". Ambos os sentidos servem ao contexto paradoxal, oximoresco, de reunião não-sintética de opostos (como diria J. Kristeva). *Surdindo* em português ainda oferece "urdindo" (texto vem de *texere,* lat.: "tecer"). *Ocluso* tem também o sentido astronômico de "eclipsado".

EXPANDIDA (RÉPANDUE): A *profusão expandida em raridade* é, para GD, uma evocação do *repregar-lhe a divisão* da p. 4: ação de lançar os dados e depois reuni-los num total único, o *Número*. *Répandu* significa "propagado", "difundido"; um dos significados de *expandir* (lat. *expandere,* de onde também *épandre*) é justamente "difundir", "espalhar".

UNA (UNE): O sentido dominante aqui é o da *unidade* do *Número* e não o do artigo indefinido. GD: "o aspecto essencial dessa soma é a unidade, que testemunha a adição das duas cifras reveladas pelos dados". Mallarmé fornece vários exemplos desse uso de *une* (p. ex.: "...personnalité multiple et une..."). *Pour peu* (*por pouco*) transmite a ideia da fragilidade e da precariedade dessa "evidência de soma" evocada, miragem do *Número* original.

SUSPENSE (SUSPENS): Adotei o termo na sua especialização cinematográfica, já aclimatada entre nós ("filme de suspense"), por me parecer exatamente o efeito desejado pelo poeta, nessa sua *"mise en scène* espiritual exata". A *queda* vem sendo preparada e retardada desde a p. 5 (com os verbos no futuro: a *vela / véu* que *vacilará, se abaterá...*). GC comenta: "o relato do fracasso fica suspenso no ar, assim como a palavra ACASO". A queda, para GD, propicia a união total do velho e das águas, implicando um retorno ao ponto de partida, às *espumas primordiais.* Cf. Mallarmé a propósito de Hamlet: "...le suspens d'un acte inachevé..."

SEPULTAR-SE NAS ESPUMAS PRIMORDIAIS (S'ENSEVELIR AUX ÉCUMES ORIGINELLES): Mais uma abreviatura sintática, que respeitei: nenhum conectiva liga *Choit* a *s'ensevelir* (GD repara: é como se estivesse escrito *va s'ensevelir*). O espacejamento supre a pontuação: *sepultar-se* coincide graficamente com o último estágio da *queda*. Adotei *primordiais,* em vez de "originais", pelas possibilidades aliterativas em /p/ que o texto me oferecia.

SOBRESSALTARA (SURSAUTA): *Sursauter* = "faire un sursaut" (*Larousse*). Envolve a ideia de "fazer um movimento brusco". Usei em português a forma equivalente, *sobressaltara* (como se fosse "soerguera"), enfatizando a etimologia. Um dos sentidos do verbo "sobressaltar", recenseado por F. Fernandes (*Dicionário de Verbos e Regimes*), é, exatamente, "passar além de", "transpor" ("sobressaltar fronteiras"). GD aponta em *sursauter* um eco do *jaillissement* inicial. Deixei-me propositadamente contagiar pela regência peculiar de Mallarmé: o sujeito de *sobressaltara* ("soerguera") é *pluma*, o verbo é tratado como transitivo-relativo, tendo por obj. direto *delírio* e por obj. indireto *a um cimo*; *delírio* pode também valer como sujeito posposto.

FENESCIDO... ABISMO (FLÉTRIE...GOUFFRE): *Flétrir* tem as acepções de "fenescer" e "ferretear". De ambas o texto original tira partido. GC sublinha a ideia de capitulação, de derrota. GD escreve: "o delírio da pluma foi renegado pela indiferença total do Abismo". No nível associativo, a exemplo das leituras preconizadas por GC, teríamos subliminarmente acordes como "Fênix", "sido" e *nescire* (lat. "não saber"), vibrando em *fenescido*. GC ressalta a ligação surpreendente entre *jus* (seiva), de *jusqu'à* (até a) e *flétrie*, estabelecida pela disposição gráfica das duas palavras na página, uma exatamente sob a outra. Procurei "traduzir" esse efeito não-verbal: coloquei *fenescido* abaixo de deLIRIO, reconstituindo o morfema visual e o elo semântico. *Gouffre* é o mesmo *Abismo branco* da p. 3. "Vórtice" ou outra palavra sinônima não me dariam as rimas toantes com CIMO e feneSCIdO, que abISMO favorece. Adotei uma grafia caprichosa para feneSCIdo (ortograficamente, feneCido), a fim de ressaltar as vibrações conotativas – de significantes – desejadas (Mallarmé também usa desse recurso, quando lhe convém).

VERTE (VERSE): GC interpreta: "Se a tentativa de elevar-se tivesse sido bem sucedida, as condições mesmas da vida, sua dualidade, sua qualidade equívoca, teriam sido destruídas; a tentativa seria então desumana". Da *elevação ordinária* (frustra) se derrama (*verte*) a *ausência*. Voltamos ao vazio *blanchi* (*branco*) das primeiras páginas.

SENÃO O LUGAR (QUE LE LIEU): *Senão*, em português, traduz o *que* no sentido de "exceto" do texto francês. Reúne, subsidiaria-mente, o SE dubitativo que pontua o Poema e o NÃO que continuadamente o sobressalta (*n'abolira...*). Nesse "lugar absoluto", resultado final da *elevação ordinária*, GC vê não apenas conotações metafísicas (o *Néant*, apocalíptico ou existencial), mas uma referência cloacal, irônico-derrisória, aos *absolus lieux*, dissimuladamente decantados por Mallarmé em "La marchande d'herbes aromatiques".

MARULHO (CLAPOTIS): Degradação dos *escarcéus* (*jaillissements*) iniciais. O *inferior* aqui é o oposto simétrico do voo, da tentativa de *elevação*. Logo, o aspecto descendente da curva icárica, a exaustão vazia do *lance* (*acte vide*).

ONDE (EN QUOI): Na edição *Cosmopolis* lia-se *où* em vez de *en quoi*. Adotei *onde* pelas subliminares ressonâncias marinhas que oferece (associação com "onda", cf. verso camoniano cit. a propósito de *infusa no profundo*). Mar e céu se fundem na mesma ausência, nessas águas costeiras (*paragens*) do *nada* (vazio, *vago*). GC detecta o elemento *onde* em *fondé* (fUNDAdo), aliado ao elemento *dé* (dado), e vislumbra em *vague* sugestões do homógrafo correspondente ao nosso "vaga", assim como de *vacuus* (lat., "espaço vazio") no sentido de "céu". Ou seja: a "água-fêmea" e "o céu, a que tudo, inclusive a água referida nesta página, retornará". Tema do "ricorso".

TALVEZ (PEUT-ÊTRE): É a palavra-chave do poema. Em meu artigo de 1958 sobre o *Coup de Dés,* escrevi: "A contradição dialética entre a afirmação axial de que UM LANCE DE DADOS JAMAIS ABOLIRÁ O ACASO e o surgimento presumível da constelação que envolve o próprio poema como forma nova e, portanto, disciplina controladora do acaso, já foi apontada por Maurice Blanchot: 'le hasard est sinon vaincu en cela, du moins attiré dans la rigueur de la parole et élevé à la ferme figure d'une forme où il s'enferme'. É esta contradição crítica que fecunda o poema e recoloca os termos do problema – 'symphonique équation' (Mallarmé) – como um 'xadrez de estrelas' (para tomar de empréstimo a imagem barroca de Vieira), perpetuamente em progresso. A procura do absoluto, fadada por definição à falência, entrevê um êxito possível na conquista relativa sancionada por um TALVEZ: a obra-constelação, evento humano, experiência viva e vivificante, sempre a ponto de se recriar – véspera de um novo lance (TOUTE PENSÉE ÉMET UN COUP DE DÉS)". Este é, evidentemente, apenas um dos níveis de interpretação possíveis. Mas posso concordar com Octavio Paz, quando este afirma que Mallarmé é o poeta do *Tal vez* ("El soneto en ix").

LOCAL (ENDROIT): Trata-se de "um ponto determinado no espaço" (GD), em contrastante fusão (*se funde*) com o *além* (*au delà* empregado substantivamente, para invocar o infinito). Observar a série fônica: ALtitude / tALvez / tÃo / LOnge / LOcAL.

AFORA (HORS): O interesse do Mestre-Hamlet-Poeta, protagonista do *Lance,* pelo *local* onde a *Constelação* está-se formando, embora não exclua o interesse geral de outros observadores e dos astrônomos com seus sextantes e medições, é um interesse todo especial, que se coloca fora e para além das considerações vulgares (*considerare:* observar os astros; "sidus, eris" = estrela) e mesmo das pretensiosas certezas científicas. GD liga esta passagem do Poema, à da p. 4 (*hors d'anciens calculs*). GC enfatiza a recusa moral que há nesse *hors,* referindo "a esperança fácil do paraíso e da imortalidade que Igitur denegava" (cf. Mallarmé: "...selon l'absolu – qui nie l'immortalité, l'absolu existera en dehors"). No elemento *hora,* depreendido por associação fônica, GC vê o "tempo sideral". A tradução conserva este revérbero. Outra pertinente passagem mallarmeana corrobora o nível de interpretação que toma a *Constelação* como a obra em formação, o próprio Poema e a forma nova que ele engendra: "Essentiellement l'oeuvre d'art; ce suffit, à l'opposé des ambitions et d'intérêts".

ASSINALADO (SIGNALÉ): A ideia de *signum* (lat. "marca", "sinal", "agouro", "signo do zodíaco") está presente, vinculando-se (com os *fogos* que se seguem) à de estrela. Este aspecto pesou tanto para MLE, que preponderou em sua tradução, onde se lê, por UNE CONSTELLATION, a perífrase explicativa: EINE ORDNUNG VON ZEICHEN ("uma ordenação de signos").

VERSUS (VERS): Pelas mesmas razões pelas quais adotei a formula *o velho versus esta conjunção suprema* (p. 5), emprego aqui a palavra latina *versus* (com o sentido de "em direção a", p. ex.: *ad oceanum versus*). MLE, que traduz: "Vers / zu sein / Ursa Minor und Pol / Eine Ordnung von Zeichen", esclarece em comentário que, face à ambiguidade entre a preposição e o substantivo em francês, uma das leituras possíveis seria: "Alies bleibt Zufali...ausser dem Vers, der eine Konstellation ist" ("Tudo é acaso... exceto o verso, que é uma constelação"). Observe-se que *Vers, es,* com o sentido de "verso" (linha poética), existe no vocabulário alemão. De qualquer modo, o jogo entre verso e estrelas, conjunto de signos e constelação – fundamental para a inteligibilidade do Poema –, ficou preservado em minha tradução. Sonoramente, pude estabelecer a sequência VERSuS / dEVE SER (a ideia de "devir", notada por GC, implícita).

SETENTRIÃO (SEPTENTRION): *Septentrio, onis,* "os sete bois debulhadores", é o nome latino da constelação da Ursa Menor; no plural significa também a região norte. As duas Ursas – a Grande e a Pequena, constelações boreais vizinhas do Polo Ártico – se superpõem no ideograma final do Poema, como repara GC.

CÁLCULO TOTAL (COMPTE TOTALE): Usei *cálculo* em vez de "cômputo", por um óbvio argumento de eufonia; "conta" seria pobre semanticamente, contaminada como está a palavra por sua acepção mais cotidiana. *Calculus* em lat. significa ainda "pedra de jogo", carreando esta conotação etimológica para o espaço de tautologia especular no qual o poema se inscreve ("azar", como já ficou dito, e assim o francês *hasard*, vem da palavra árabe que significa "jogo de dados").

VIGIANDO... SAGRE (VEILLANT... SACRE): Aqui se forma o desenho da Constelação, no céu branco da página, como o das estrelas, reverso, no céu noturno (Mallarmé: "l'incohérent manque hautain de signification qui scintille en l'alphabet de la Nuit (...) coups d'épingle stellaires..."; ou ainda: "réflexion stellaire et incompréhensible, de la grande Ourse..."). Observe-se que as formas verbais progridem escandidamente, como dados rolados, primeiro de *vigiando* a *meditando*, por orações reduzidas, gerundiais (passos de um mesmo *suspense*), até *se deter* e *sagre:* ao todo, SETE verbos, o *Número* em perfazimento. GC vislumbra uma insinuação desse SEPT no alto da página, em exCEPTé (também em português, exCETo). As sete estrelas (tanto da Pequena como da Grande Ursa) reproduzem na página o gráfico sideral. Cf. GC: os gerúndios formam as três estrelas da cauda (*vigiando / duvidando / rolando*), que se ligam às três estrelas-frases do corpo (*antes de se deter / em algum ponto último que o sagre / Todo Pensamento emite um Lance de Dados*), por uma estrela-frase intermediária (*brilhando e meditando;* elem. *médium,* lat, "meio"). Mas nas duas últimas linhas estelares do Poema, é possível ainda reconhecer a cifra da Constelação: cada uma delas tem sete palavras; por isso mesmo, na tradução da penúltima linha, deixei de fazer a elisão "nalgum" para preservar o número exato de palavras, com *em algum (à quelque)*. O *ponto último (point dernier)*, que consagra o *cálculo total*, aludiria à estrela extrema da Pequena Ursa, a Estrela Polar, situada no prolongamento de uma linha que passa pelas duas estrelas terminais do trapézio da Ursa Maior. O ideograma desta Página lembra também, parece-me, um cartucho emborcado, *cornet à dés,* cornimboque e cornucópia dos dados-Acaso (cf. *Igitur,* IV – "Le Coup de Dés": "Le Cornet est la Corne de licorne – d'unicorne", enigma circular para o qual proponho a seguinte tradução: "O cornicopo é o Córnio de licorne – do unicórnio"). Mallarmé, a depreender-se de uma carta sua a Gide de 1897, sobre a diagramação tipográfica do *Un Coup de Dés* ("La constellation y affectera, d'après des lois exactes, et autant qu'il est permis à un texte imprimé, fatalement une allure de constellation..."), aspirava a uma iconicidade dinâmica, verdadeira "álgebra universal das relações" (como o último Peirce). Simulação quase-matemática do pensamento ("il me serait difficile de concevoir quelque chose ou de la suivre sans couvrir le papier de géométrie où se réfléchit le mécanisme évident de ma pensée"), os signos, evoluindo para o puro contágio, em eco, de significantes, dispersam os seus referentes e os sutilizam, rarefeitos (de maneira "très stricte, numérique, directe"), no simulacro absoluto da página, – símile dissemelhante, dissimulado, sem similar. O Livro – cosmogonia em cosmorama – é um portulano de estampas abstratas ("Au fond, des estampes..."), de "grafos existenciais" (Peirce), exfoliação volátil cujo rastilho de iluminuras tende à ideografia interior, não (ou pós-)imitativa (malentendida por Apollinaire, com a pictografia externa – graciosa, mas inessencial – dos "caligramas").

TODO PENSAMENTO EMITE UM LANCE DE DADOS (TOUTE PENSÉE ÉMET UN COUP DE DÉS): O final é também o recomeço, o impulso para uma re-capitulação do lance e de tudo. *Da capo,* como Joyce o fará no seu FW, solidarizando a última e a primeira páginas do Livro com a senha da palavra-travessia *riocorrente* (*riverrun*). No "soneto em ix", miniatura do *Coup de Dés,* o "séptuor de cintilações" das estrelas da Ursa "fixa-se" num espelho, enquanto (GC deslinda) a Angústia *dédie* ("dedica", alusão a *dé* e a *digitum,* dedo) seus "ônix" (do grego, *ónux,* unha) com as *purs ongles* ("puras unhas"). Circuito especular, mais uma vez. *Emite* exibe, ainda, uma conotação ejaculatória, espermática, fecundante, que se liga à matriz feminina, genésica, vislumbrada por GC tanto em cirCONstances como em CONstellation (leitura retomada recentemente por Derrida). Aqui caberia uma referência a um dos últimos textos de Oswald de Andrade ("Um Aspecto Antropofágico da Cultura Brasileira"), onde o "naufrágio" do Poema é assim interpretado: "A angústia de Kierkegaard, o "cuidado" de Heidegger, o sentimento do "naufrágio", tanto em Mallarmé como em Karl Jaspers, o "Nada" de Sartre, não São senão sinais de que volta a Filosofia ao medo ancestral ante a vida que é devoração. Trata-se de uma concepção matriarcal do mundo sem Deus". Compare-se, com essa visão "antropofágica", a leitura "cibernética" de Jean Hyppolite: de um lado, a "entropia" (o Acaso), a marcha inexorável dos processos físicos para a aniquilação térmica; de outro, o "demônio de Maxwell" (o *ulterior demônio imemorial*), insinuando a possibilidade de suspender, por um breve lapso de tempo (ou vida), essa fatalidade cósmica. O importante aspecto de síntese não-excludente de nenhuma das soluções aparentemente contraditórias do final do Poema, foi ressaltado por GD. GC fala em "tautologia absoluta da significação": a frase final, em contraste com a frase-título, nos diz que "por mais que um pensamento esteja sob o influxo do acaso, e mesmo que ele *seja* o acaso, o contrário é igualmente verdadeiro". (Julia Kristeva, de certo modo, reformulou esses mesmos conceitos: tratar-se-ia, antes, de uma "idempotência", de uma "operação ortocomplementar", conduzindo à "reunião não-sintética AO de dois termos que se excluem"). A circularidade do Texto mallarmaico admite, assim, uma progressão e se expande infinitamente em curva espiral. O poema vige como um oxímoro supremo, suspenso entre o JAMAIS e o NADA, no fio vibratório de um TALVEZ.

BIBLIOGRAFIA SUCINTA

A) TEXTOS DE MALLARMÉ:

1 – *Un Coup de Dés Jamais N'Abolira le Hasard, Cosmopolis,* maio 1897 (fotocópia).
2 – Idem, *The Lahure Edition* (ver abaixo, R. G. Cohn, *Mallarmé's Masterwork*).
3 – Idem, NRF (Paris: Gallimard, 1952; 1ª éd., 1914).
4 – *Oeuvres Complètes,* Pleiade (Paris: Gallimard, 1945).

B) TRADUÇÕES DO POEMA:

1 – para o espanhol:
Una Jugada de Dados, tradução de Rafael Cansinos-Assens, *Cervantes* (Madri: 1919), in Xavier Abril, *Antologia de Mallarmé* (Montevidéu: Emecé, 1961);
Un Golpe de Dados, tradução de Agustin O. Larrauri (Cordoba, Argentina: Imprenta Morra, 1943).
2 – para o inglês:
Un Coup de Dés / A Throw of the Dice, tradução de Daisy Aldan (Tiber Press, s/d., nem local de publicação; referência a uma primeira publicação da tradução em *Folder,* 4, 1956).
3 – para o alemão:
Ein Würfelwurf, tradução de Cari Fischer, in S. Mallarmé, *Saemtliche Gedichte* (Heidelberg: Verlag Lambert Schneider, 1957).
Ein Würfelwurf, tradução de Marie-Louise Erlenmeyer (com notas e comentários), (Olden u. Freiburg: Walter Verlag, 1966).

C) EXEGESES BÁSICAS:

1 – Cohn, Robert Gréer, *L'Oeuvre de Mallarmé "Un Coup de Dés"* (Paris: Les Lettres, 1951).
2 – Cohn, Robert Gréer, *Mallarmé's Masterwork – New Findings* (Haia: Mouton, 1966); compreende, sob o título "The Lahure Edition", o jogo de provas da edição definitiva do poema, ilustrada por Odilon

Redon, com as correções do próprio punho do poeta; esta edição nunca veio à luz, mas as últimas provas foram afinal recuperadas.

3 – Davies, Gardner, *Vers une explication rationnelle du "Coup de Dés"* (Paris: José Corti, 1953).

D) DIVERSOS:

1 – Andrade, Oswald de, "Um Aspecto Antropofágico da Cultura Brasileira – o Homem Cordial", in *Anais do Primeiro Congresso Brasileiro de Filosofia,* vol. 1 (São Paulo: IBF e USP, 1950).
2 – Blanchot, Maurice, *Le Livre à Venir* (Paris: Gallimard, 1959).
3 – Campos, Augusto de, "Poesia, Estrutura" e "Poema, Ideograma", *Diário de São Paulo,* março 1955, reunidos sob o título "Pontos. Periferia. Poesia Concreta", in *Teoria da Poesia Concreta* (São Paulo: Edições Invenção, 1965).
4 – Campos, Augusto de, "O Lance de Dados do *Finnegans Wake",* Supl. Literário de *O Estado de São Paulo,* novembro de 1958, republicado in *Panaroma do Finnegans Wake* (São Paulo: Perspectiva, 1971, 2ª éd.).
5 – Campos, Haroldo de, "Lance de Olhos sobre *Um Lance de Dados", Jornal de Letras,* agosto de 1958. Campos, Haroldo de, "Uma análise teórico-informativa do *Lance de Dados"* (nota introdutória à tradução do estudo de Jean Hyppolite, *infra* cit.), *Correio Paulistano,* página "Invenção", agosto 1960.
6 – Derrida, Jacques, "La dissémination" (I e II), *Critique,* 261-262, 1969. Derrida, Jacques, "La double séance" (I e II), *Tel Quel,* 41-42, 1970.
7 – Hyppolite, Jean, "Le coup de dés de Stéphane Mallarmé et le message", *Les Etudes Philosophiques* (Le Langage), 4, 1958.
8 – Jakobson, Roman, "À la recherche de l'essence du langage", in *Problèmes du Langage, Diogène* (Paris: Gallimard, 1966).
9 – Kristeva, Julia, "Poésie et Négativité", *Semeiotikè* (Paris: Seuil, 1969).
10 – Paz, Octavio, "Los signos en rotación", *El arco y la lira* (México: Fondo de Cultura Econômica, 1967, 2ª ed.). Paz, Octavio, "Stéphane Mallarmé: El soneto en ix", *Diálogos,* 22, 1968 (ambos os trabalhos de Paz estão vertidos para o português em *Signos em rotação,* São Paulo: Perspectiva, 1972).
11 – Pignatari, Décio, "Stèle pour vivre nº 4 – Mallarmé vietcong", in *Exercício Findo* (São Paulo: Edições Invenção, 1968); trata-se de um poema-glosa ao *Un Coup de Dés,* homenagem antropofágica, com "amor & humor": devoção / devoração.

12 – Roulet, Claude, "*Traité de Poétique Supérieure – Un Coup de Dés Jamais…*" (Neuchâtel: Éditions H. Messeiller, 1956).
13 – Scherer, Jacques, *Le "Livre" de Mallarmé* (Paris: Gallimard, 1957).
14 – Sollers, Philippe, "Survol / Rapports (Blocs) / Conflit", *Tel Quel* 36, 1969.

REGISTRO: Este trabalho foi apresentado em março de 1972, como tese subsidiária, à disciplina Língua e Literatura Francesa, da FFLCH da USP. Para a sua realização, foram valiosas as pesquisas que o autor pôde desenvolver em Paris, em 1969, mediante uma bolsa que lhe foi concedida pelo Governo Francês.

UM LANCE DE DADOS JAMAIS ABOLIRÁ O ACASO
Stéphane Mallarmé

Tradução de Haroldo de Campos

PREFÁCIO

 Gostaria de que esta Nota não fosse lida ou que, apenas percorrida, fosse logo esquecida; ela ensina, ao Leitor hábil, pouca coisa situada além de sua penetração: mas pode perturbar o ingênuo que deve lançar os olhos para as primeiras palavras do Poema, a fim de que as seguintes, dispostas como estão, o encaminhem às últimas, o todo sem novidade senão um espaçamento da leitura. Os "brancos" com efeito assumem importância, agridem de início; a versificação os exigiu, como silêncio em derredor, ordinariamente, até o ponto em que um fragmento, lírico ou de poucos pés, ocupe, no centro, o terço mais ou menos da página: não transgrido essa medida, tão-somente a disperso. O papel intervém cada vez que uma imagem, por si mesma, cessa ou recede, aceitando a sucessão de outras, e como aqui não se trata, à maneira de sempre, de traços sonoros regulares ou versos – antes, de subdivisões prismáticas da Ideia, o instante de aparecerem e que dura o seu concurso, nalguma cenografia espiritual exata, é em sítios variáveis, perto ou longe do fio condutor latente, em razão da verossimilhança, que se impõe o texto. A vantagem, se me é lícito dizer, literária, dessa distância copiada que mentalmente separa grupos de palavras ou palavras entre si, afigura-se o acelerar por vezes e o delongar também do movimento, escandindo-o, intimando-o mesmo segundo uma visão simultânea da Página: esta agora servindo de unidade como alhures o Verso ou linha perfeita. A ficção assomará e se dissipará, célere, conforme à mobilidade do escrito, em torno das pausas fragmentárias de uma frase capital desde o título introduzida e continuada. Tudo se passa, para resumir, em hipótese; evita-se o relato. Ajunte-se que deste emprego a nu do pensamento com retrações, prolongamentos, fugas, ou seu desenho mesmo, resulta, para quem queira ler em voz alta, uma partitura. A diferença dos caracteres tipográficos entre o motivo preponderante, um secundário e outros adjacentes, dita sua importância à emissão oral e a disposição em pauta, média, no alto, embaixo da página, notará o subir ou descer da entonação. Somente certas direções muito audazes*, usurpações etc., formando o contrapon-

---

* Uma nota editorial, que acompanha a publicação autônoma do Poema em 1914 (*La Nouvelle Revue Française*), esclarece: "A parte compreendida entre as palavras 'Somente certas direções…' e '…o suficiente para abrir os olhos' dizia respeito, mais especialmente, à edição deste Poema na revista *Cosmopolis* (maio 1897), para a qual o Prefácio acima havia sido escrito".

to desta prosódia, permanecem numa obra, a que faltam precedentes, em estado elementar: não que me pareçam oportunos os ensaios tímidos; mas não me é dado, afora uma paginação especial ou de volume que me pertença, num Periódico, por mais corajoso, amável e convidativo que se mostre às belas liberdades, agir em demasia contra os usos. Terei, não obstante, indicado do Poema incluso, mais do que um esboço, um "estado", que não rompe em todos os pontos com a tradição; levado adiante sua apresentação em muitos sentidos até onde ela não ofusque ninguém: o suficiente para abrir os olhos. Hoje ou sem presumir do futuro o que sairá daqui, nada ou quase uma arte, reconheçamos facilmente que a tentativa participa, com imprevisto, de pesquisas particulares e caras a nosso tempo, o verso livre e o poema em prosa. Sua reunião se cumpre sob uma influência, eu sei, estranha, a da Música ouvida em concerto; encontrando-se nesta muitos meios que me parecem pertencer às Letras, eu os retomo. O gênero, que se constitua num, como a sinfonia, pouco a pouco, a par do canto pessoal, deixa intacto o antigo verso, ao qual conservo um culto e atribuo o império da paixão e dos devaneios; enquanto que seria o caso de tratar, de preferência (assim como segue), certos assuntos de imaginação pura e complexa ou intelecto: não subsiste razão alguma para excluí-los da Poesia – única fonte.

UM LANCE DE DADOS

JAMAIS

MESMO QUANDO LANÇADO EM CIRCUNSTÂNCIAS ETERNAS

DO FUNDO DE UM NAUFRÁGIO

SEJA
    que

           o Abismo

branco
    estanco
        iroso
            sob uma inclinação
                plane desesperadamente

                      de asa

                      a sua

                          de

antemão retombada do mal de alçar o voo
                    e cobrindo os escarcéus
                                cortando cerce os saltos

        no mais íntimo resuma

a sombra infusa no profundo por esta vela alternativa

                        até adaptar
                                à envergadura

        sua hiante profundeza enquanto casco

                        de uma nau

                pensa de um ou de outro bordo

                                                            O MESTRE

                                    exsurto

                                            inferindo

                                                            dessa conflagração

                                                                            que se

                                                                    como se ameaça

                                            o único Número que não pode

                                                                            hesita
                                                            cadáver pelo braço
                        antes
                                de jogar
                                        maníaco encanecido
                                                a partida
                                        em nome das ondas

                                                                            uma

                                                            naufrágio esse

    fora de antigos cálculos
   onde a manobra com a idade olvidada

      outrora ele empunhara o leme

a seus pés
    do horizonte unânime

prepara
  se agita e mescla
    no punho que o estreitava
um destino e os ventos

ser um outro

      Espírito
       para o arrojar
         na tempestade
       repregar-lhe a divisão e passar altivo

apartado do segredo que guarda

invade a cabeça
escoa barba submissa

direto do homem

   sem nau
    não importa
      onde vã

ancestralmente em não abrir a mão
                              crispada
                    para além da inútil testa

      legado na desaparição

                              a alguém
                                    ambíguo

            o ulterior demônio imemorial

tendo
      de regiões nenhumas
                        induzido
o velho versus esta conjunção suprema com a probabilidade

                              aquele
                                    sua sombra pueril
afagada e polida e devolta e lavada
                        suavizada pela vaga e subtraída
                        aos duros ossos perdidos entre as pranchas

                              nato
                                    de um embate
as águas pelo ancião tentando ou o ancião contra as águas
                  uma chance ociosa

                                                            Núpcias
      cujo
            véu de ilusão ressurto ânsia instante
            como o fantasma de um gesto

                              vacilará
                              se abaterá

                                    insânia

JAMAIS ABOLIRÁ

COMO SE

Uma insinuação

ao silêncio

nalgum próximo

esvoaça

simples

enrolada em ironia
              ou
                  o mistério
                          precipitado
                                    uivado

turbilhão de hilaridade e horror

em torno ao vórtice
                  sem o juncar
                            nem fugir

                    e lhe embalança o indício virgem

                                                        COMO SE

pluma solitária perdida

salvo

que a encontre ou eflore um gorro de meia-noite
            e imobilize
                      no veludo enrugado por uma gargalhada sombria

                esta brancura rígida

derrisória
                    em oposição ao céu
        muito
            para não marcar
                    exiguamente
                          quem quer que

              príncipe amargo do escolho

                    dela se coife como de algo heroico
                          irresistível mas contido
                    por sua pequena razão viril
                                        relâmpago

angustioso
        expiatório e púbere
                                    mudo

O lúcido e senhorial penacho
    à fronte invisível
cintila
    então sombreia
uma estatura frágil tenebrosa
    em sua torsão de sereia

com impacientes escamas últimas

riso

que

SE

de vertigem

ereta

    o tempo
        de esbofetear
  bifurcadas

      uma rocha

    solar falso
        de súbito
           evaporado em brumas

        que chantava
           um marco no infinito

FOSSE
êxito estelar

SERIA
  pior
                         não
                                    mais nem menos
                                                    indiferentemente mas tanto quanto

O NÚMERO

EXISTIRIA
diverso da alucinação esparsa da agonia

COMEÇARIA E CESSARIA
surdindo assim negado e ocluso quando aparente
enfim
por alguma profusão expandida em raridade
CIFRAR-SE-IA

evidência da soma por pouco una
ILUMINARIA

O ACASO

Cai
    a pluma
        rítmico suspense do sinistro
            sepultar-se
         nas espumas primordiais
de onde há pouco sobressaltara seu delírio a um cimo
           fenescido
     pela neutralidade idêntica do abismo

NADA

>> da memorável crise
>> ou se houvesse
>>> o evento

cumprido em vista de todo resultado nulo
                                                  humano

                        TERÁ TIDO LUGAR
                  uma elevação ordinária verte a ausência

                                          SENÃO O LUGAR
inferior marulho qualquer como para dispersar o ato vazio
                          abruptamente que senão
                            por sua mentira
                              teria fundado
                                a perdição

nessas paragens
                    do vago
                            onde toda realidade se dissolve

EXCETO
 à altitude
  TALVEZ
   tão longe que um local

se funde com o além

                                    afora o interesse
                          quanto a ele assinalado
                                                  em geral
segundo tal obliquidade por tal declive
                                                  de fogos

               versus
                       deve ser
                              o Setentrião também Norte

                                        UMA CONSTELAÇÃO

                     fria de olvido e dessuetude
                             não tanto
                          que não enumere
                 sobre alguma superfície vacante e superior
                             o choque sucessivo
                                         sideralmente
                    de um cálculo total em formação

vigiando
        duvidando
                rolando
                        brilhando e meditando

                            antes de se deter
                    em algum ponto último que o sagre

                Todo Pensamento emite um Lance de Dados

APÊNDICE

Poesia, Estrutura*
Augusto de Campos

"Sans présumer de l'avenir qui sortira d'ici, rien ou presque un art", dizia profeticamente Mallarmé no seu prefácio à primeira versão de *Un Coup de Dés* (Revista *Cosmopolis* – 1897), entreabrindo as portas de uma nova realidade poética.

Os vários pugilismos do começo do século – não obstante a sua utilidade e a sua necessidade – tiveram o infortúnio de obscurecer a importância desse "poème plante", desse "grand poème typographique et cosmogonique", desse primeiro poema funcionalmente moderno, futuro-demais para sua época, equação poética que vale por si só todo o vozerio das vanguardas reformadoras de alguns anos depois.

Mallarmé é o inventor de um processo de organização poética cuja significação para a arte da palavra se nos afigura comparável, esteticamente, ao valor musical da "série", descoberta por Schoenberg, purificada por Webern, e, através da filtração deste, legada aos jovens compositores eletrônicos, a presidir os universos sonoros de um Boulez ou um Stockhausen. Esse processo se poderia exprimir pela palavra *estrutura*. Acrescentemos que o uso particular, que aqui fazemos, da palavra *estrutura*, tem em vista uma entidade medularmente definida pelo princípio gestaltiano de que o todo é mais que a soma das partes, ou de que o todo é algo qualitativamente diverso de cada componente, jamais podendo ser compreendido como um mero fenômeno aditivo. Eisenstein, na fundamentação de sua teoria da montagem, Pierre Boulez e Michel Fano, com relação ao princípio serial em música, testemunharam a possibilidade da aplicação da *Gestalt* no campo das artes. Nada mais justo que a literatura e a poesia incorporem à sua realidade, e em particular às novas realidades complexas, os preciosos conceitos gestaltianos.

* Publicado originalmente no *Diário de São Paulo* de 20-3-55.

É esse sentido de estrutura, em contraposição à organização meramente linear e aditiva tradicional, o elemento básico da nova ordem expressiva da formulação poética, que repele o lento e monótono silogismo, consagrando o dinamismo do processo de associação de imagens. Como afirma Hugh Kenner, em *The Poetry of Ezra Pound*: "The fragmenting of the aesthetic idea into allotropic images, as first theorized by Mallarmé, was a discevery whose importance for the artist corresponds to that of nuclear fission for the physicist". Mallarmé descobria e estava plenamente consciente de sua descoberta, e é por isso que o seu pequeno prefácio tem, como teorização do novo processo, quase tanta relevância como o próprio poema. "Subdivisions prismatiques de l'Idée" e "cet emploi à nu de la pensée avec retraits, prolongements, fuites", eis como definia ele, com absoluta precisão, as manifestações objetivas da nova organização estrutural do verso.

Corolário direto da descoberta desse processo, que tem implícita a ideia de estrutura, é a exigência de uma tipografia funcional, que realmente espelhe as metamorfoses, os fluxos e refluxos das imagens. Em Mallarmé essa tipografia funcional se consubstancia nos seguintes efeitos, já essencialmente definidos em seu prefácio:

a) emprego de tipos diversos: "La différence des caractères d'imprimerie entre le motif prépondérant, un secondaire et d'adjacents, dicte son importance à l'émission orale…"

b) a posição das linhas tipográficas na página: "… et la portée, moyenne, en haut, en bas de page, notera que monte ou descend l'intonation".

c) os "brancos": "Les 'blancs' en effet, assument l'importance, frappent d'abord; la versification en exigea, comme silence alentour, ordinairement, au point qu'un morceau, lyrique ou de peu de pieds, occupe, au milieu, le tiers environ du feuillet: je ne transgresse cette mesure, seulement la disperse. Le papier intervient chaque fois qu'une image, d'elle-même, cesse ou rentre, acceptant la succession d'autres", etc.

d) o uso especial da página, pois a página mallarmeana se compõe propriamente de duas folhas desdobradas, onde as palavras formam um todo e ao mesmo tempo se separam em dois grupos, à direita e à esquerda da prega central, "como componentes de um mesmo ideograma", segundo observa Robert Gréer Cohn[1], ou como se a prega central fosse uma espécie de ponto de apoio para o equilíbrio de dois ramos de palavras-pesos.

---

1. Robert Gréer Cohn, *L'Oeuvre de Mallarmé – "Un Coup de Dés"*, Paris, Librairie Les Lettres, 1951.

Trata-se, frisamos, de uma utilização funcional dos recursos tipográficos, impotentes, no seu arranjo tradicional, para expressar a nova organização do poema. A própria pontuação se torna aqui desnecessária, uma vez que é o espaço gráfico a pontuação essencial, o elemento "negativo" de uma versificação estrutural que vem fazer caducar o mero e linear verso-livre.

Com esses elementos constrói Mallarmé o primeiro poema-estrutura de que se tem conhecimento. Que a manifestação aparente dessa estrutura provém, de certo modo, da comparação com a música, não há dúvida. É ainda o próprio Mallarmé que tem o primeiro lampejo: "Ajouter que de cet emploi à nu de la pensée avec retraits, prolongements, fuites, ou son dessin même, résulte, pour qui veut lire à haute voix, une partition"; e "Leur réunion" (a do verso-livre e do poema em prosa) "s'accomplit sous une influence, je sais, étrangère, celle de la Musique entendue au concert; on en retrouve plusieurs moyens m'avant semblé appartenir aux Lettres, je les reprends. Le genre, que c'en devienne un comme la symphonie", etc.

De modo geral as noções estruturais que Mallarmé foi encontrar na música se reduzem à noção de tema (não tema = assunto mas tema = motivo musical), implicando também a ideia de desenvolvimento horizontal e contraponto. Assim, *Un Coup de Dés* compõe-se de temas, ou, para usarmos da própria expressão de Mallarmé, motivo preponderante, secundário e adjacentes, que são indicados graficamente pelo tamanho maior ou menor das letras e ainda diferenciados pelo uso de tipos distintos. Objetivamente:

> *motivo preponderante:* UN COUP DE DÉS / JAMAIS / N'ABOLIRA / LE HASARD.
> 1º *motivo secundário: Si / c'était / le nombre / ce serait* – que tem como adjacentes os temas *comme si / comme si,* que por sua vez possuem novas ramificações.
> *motivo secundário* (com vários adjacentes): quand bien même lancé dans des circonstances éternelles / du fond d'un naufrage / soit / le maître / existât-il / commençât-il et cessât-il / se chiffrât-il / illuminât-il / rien / n'aura eu lieu / que le lieu / excepté / peut-être / une constellation.

motivos adjacentes: os expressos pelas letras menores.

Esquematicamente a raiz estrutural do poema é pois:
A = motivo preponderante
A = motivo secundário
a = motivo adjacente

Mas acontece que esses motivos se interpenetram. Como assinala Gréer Cohn, "Des phrases en caractères plus petits sont groupées autour de la grande, formant des branches, des rameaux, etc… sur son tronc, et toutes ces ramifications se poursuivent parallèlement ou s'entrecroisent, donnant un équivalent littéraire du contrepoint musical".

Desprezando, para simplificar a demonstração, os motivos adjacentes em geral, e chamando-se "A" ao motivo principal, "B" ao motivo secundário "Si / c'était / le nombre / ce serait", que desemboca no LE HASARD do motivo principal e está expresso no poema pelos tipos de maior dimensão do motivo principal; chamando-se ainda "b" ao motivo adjacente "comme si / comme si" de "B", e "a" aos motivos secundários "quand bien même", etc., que equivalem em tamanho a "b" (com a diferença de que este motivo, a exemplo de "B", de que é uma ramificação, está expresso em itálico), temos aproximadamente:

```
A     A     B     A
  a     b     a     a
```

Esta é, repetimos, uma visão bastante esquemática (e tomada, digamos assim, de uma só perspectiva) da estrutura de *Un Coup de Dés*, havendo ainda a considerar, além da maior complexidade das ramificações e entrecruzamentos, a diferença dos tipos, a posição das linhas, acima, no meio ou embaixo das páginas, e além disso a especial configuração da página mallarmeana. Mas cremos que a pequena demonstração feita pode dar uma ideia, ainda que pálida, da ossatura poderosa e inquebrantável que a consciência estrutural de Mallarmé armou para o seu admirável poema.

Poema, Ideograma*
Augusto de Campos

As experiências tipográficas funcionais, iniciadas por Mallarmé em *Un Coup de Dés* tiveram continuação muito menos lúcida, alguns anos após, com o Futurismo italiano e Apollinaire, para só se cristalizarem outra vez funcionalmente nas obras de Joyce, Pound e cummings. E neles se cristalizaram porque só neles existiria uma real consciência dos problemas de estrutura.

A revolução tipográfica futurista não foi marcada por um verdadeiro sentido de funcionalidade. A hora era demasiadamente de excesso e inebriação. O que parece certo, porém, é que coube a Marinetti e ao Movimento Futurista a prioridade, entre os vários movimentos de vanguarda, no farejar a necessidade de uma neotipografia. Já no seu *Manifesto técnico da literatura futurista* (1912)** Marinetti se afirmava "contra o que se chama habitualmente a harmonia tipográfica da página, contrária ao fluxo e refluxo que se estende na folha impressa. Nós empregaremos numa mesma página quatro ou cinco tintas de cores diferentes e vinte caracteres distintos, se for necessário. Exemplo: cursivas para as séries de sensações análogas e rápidas, negrito para as onomatopeias violentas" etc. Livre direção das linhas (oblíquas, verticais, etc), substituição da pontuação pelos sinais matemáticos e musicais, eram outras modificações propostas. E será possível, talvez, discernir na "imaginação sem fios", nas "palavras em liberdade", na drástica condenação do adjetivos dos futuristas algo assim como o pressentimento olfativo de uma renovação poética que eles próprios não chegariam a realizar, mas que neles

---

* Publicado originalmente no *Diário de São Paulo*, de 27-3-55.
** A citação pertine, de fato, ao manifesto *Distruzione della Sintassi*, de 1913. Ver Tommaso Filippo Marinetti, *I Manifesti del Futurismo* (Florença, Edizione di "Lacerba", 1914, p. 143).

encontraria um estágio bem mais concreto e definido do que em movimentos como o dadaísmo e o surrealismo.

Realização muito mais positiva foram os *Calligrammes* de Apollinaire. Em um artigo denominado "Devant l'idéogramme d'Apollinaire" (junho de 1914), publicado na revista *Soirées de Paris* (julho-agosto 1914), sob o pseudônimo de Gabriel Arboin, esclarecia o poeta o sentido dos seus primeiros experimentos, referindo-se explicitamente à "Lettre-Océan". Logo de início reconhecia o seu débito ao Futurismo. E, fato importante, era o primeiro a tentar uma explicação para a nova ordem poética por via do ideograma: "Je dis idéogramme parce que, après cette production, il ne fait plus de doute que certaines écritures modernes tendent à entrer dans l'idéographie. L'événement est curieux. Déjà, dans *Lacerba,* on avait pu voir des tentatives de ce genre par Soffici, Marinetti, Cangiullo, Iannelli, et aussi par Carra, Boccioni, Betuda, Binazzi, ces dernières moins définitives. Devant de pareilles productions, on restait encore indécis. Après la *Lettre-Océan,* il n'est plus possible de douter".

Demonstrando admirável lucidez sobre o problema da fragmentação e associação das imagens, dizia já Apollinaire: "le lien entre ces fragments n'est plus celui de la logique grammaticale, mais celui d'une logique idéographique aboutissant à un ordre de disposition spatiale tout contraire à celui de la juxtaposition discursive". Ou, mais adiante, ecoando o "emploi à nu de la pensée" mallarmeano: "Et ce sont des idées nues que nous présente la *Lettre-Océan* en un *ordre visuel*". E ainda, esplendidamente: "Donc, assurément pas narration, difficilement poème. Si l'on veut: poème idéographique. Révolution: parce qu'il faut que notre intelligence s'habitue à comprendre synthético-idéographiquement au lieu de analytico-discursivement".

O erro, o grande erro de Apollinaire está expresso nestas linhas: "Qui n'apercevrait que ce ne peut être là qu'un début, et que, par l'effet de la logique déterministe qui entraîne l'évolution de tout mécanisme, semblables poèmes doivent finir par présenter un ensemble pictural en rapport avec le sujet traité? Ainsi on atteindra à l'idéogramme à peu près parfait".

Na sua transposição do ideograma para a poesia, acabava confundindo assim Apollinaire a noção de ideograma como caráter escrito simbolizando uma coisa, ação ou situação, sem expressar o seu nome, pela justaposição das figuras abreviadas de coisas de alguma forma correlatas, com uma ideia sumária e ingênua de ideograma-figura. E o resultado é que ele acrescenta ao poema algo absolutamente infuncional e dispensável, a figurinha, o desenho do tema: se o poema é sobre a chuva

("Il Pleut"), as palavras se compõem em 5 linhas ondeadamente oblíquas. Poemas em forma de coração, de relógio, de gravata, de coroa etc., se sucedem em *Calligrammes*. Pode-se calcular que espécie de novo academismo implica a ideia, sem se falar na exigência, imposta por essa prática, de uma simplificação pueril do tema, para forçar uma representação figurativa.

Seria preciso que outro poeta surgisse, mais enérgico, mais culto, mais ampla e universalmente dotado e informado, para, partindo de fontes seguras, estabelecer definitivamente a noção do método ideogrâmico aplicado à poesia. Referimo-nos a Ezra Pound. Não importa considerar aqui as formidáveis diferenças de perspectiva que separam Pound de Mallarmé, o primeiro poeta estrutural. O fenômeno, que constituiria por si só matéria para um diferente estudo, diz respeito ao uso diametralmente oposto, nesses poetas, do léxico enquanto forma significante: uma oposição dialéxica, diríamos nós. Mas Pound e Mallarmé vão se encontrar no campo da estrutura.

Pound chegou à sua particular noção de estrutura através da música, como Mallarmé, se bem que com maior objetividade ainda do que este, e através do ideograma chinês. O estudo do sinólogo Ernest Fenollosa, *The Chinese Written Character as a Médium for Poetry*, exumado da obscuridade por Pound, e por ele publicado com notas e observações suas, na *Little Review* (vol. VI, n°s 5, 6, 7 e 8), em 1919, deu-lhe a chave para uma nova interpretação da poesia e dos próprios métodos de crítica da poesia.

Explicando a natureza privilegiada do ideógrafo chinês, dizia Fenollosa, em seu importantíssimo ensaio: "In this process of compounding, two things added together do not produce a third thing, but suggest some fundamental relation between them".

Aí está o princípio básico do ideograma, que vem coincidir literalmente com o princípio gestaltiano. Se a Fenollosa cabe o mérito de ter vislumbrado e demonstrado as relações entre ideograma e poesia, a Ezra Pound se deve a metodização e cristalização dessa ideia, aplicando-a inventivamente à gigantesca aventura dos *Cantos*. Nesse extraordinário poema, fragmentos se justapõem a fragmentos, Cantos a Cantos, sem nenhuma espécie de ordenação silogística, mas atendendo tão-somente ao princípio enunciado por Fenollosa; o poema, já a esta altura quase completo, assume ele próprio a configuração de um fantástico ideograma da cosmovisão poundiana.

Em *A Pocket for Ezra Pound*, Yeats procurou dar uma ideia da estrutura musical dos *Cantos*, relatando o que o próprio Pound lhe dissera em conversa. Essa explicação não satisfez de todo a Pound, que parece tê-la achado mais complicada do que esclarecedora. É o que dizem, ao menos, estas linhas irônicas, de uma carta sua a John Lackay Brown (1937, Rapallo): "If Yeats knew a fugue from a frog, he might have transmited what I told him in some way that would have helped rather than obfuscated 'his' readers. Man!!" Na mesma carta enuncia Ezra, com a máxima simplicidade, o seu arcabouço estrutural: "Take a fugue: thème, responde, contrasujet". E acrescenta, cauteloso: "*Not* that I mean to make an exact analogy of structure".

Uma carta de 11 de abril de 1927, do poeta a seu pai, Homer L. Pound, é mais explícita:

"1 – Rather like, or unlike subject and response and counter subject in fugue.
A. A. Live man goes down into world of Dead
C. B. The repeat in history
B. C. The magic moment or moment of metamorphosis, bust thru from the quotidien into 'divine or permanent world'. Gods", etc.

Ressalta, de tudo, que a ideia central de Pound, sob esse aspecto, é a analogia esquemática com a fuga, o contraponto. E estabelece-se assim o liame com Mallarmé; ainda que a configuração de *Un Coup de Dés* e de *The Cantos* seja especificamente diversa, pertencem os dois poemas estruturalmente a um mesmo gênero.

Um sentido de estrutura algo semelhante ao ideogrâmico e musical poundiano pode ser encontrado em muitos poemas de cummings. Intuitivo por excelência, sem a mesma consciência crítica e teorizante de Pound, dir-se-ia que cummings levou o ideograma e o contraponto à miniatura. Prefere o "cromo lírico" aos grandes acontecimentos histórico-culturais de Pound. E acaba fazendo uma obra menor, mas às vezes extraordinária, de microscopista decompondo o léxico. A básica estrutura do ideograma e do contraponto, porém, aí está. Assim, no poema 256, de *No Thanks,* cummings realiza uma verdadeira tecedura contrapontual repetindo ou invertendo em sua ordem as palavras *bright, star, big, soft, near, calm, holy, deep, alone, yes, who,* e compõe com a simples justaposição dessas palavras o ideograma do impacto de uma noite estrelada. Há ainda a considerar um certo sentido figurativo do ideograma tal como aparece em cummings e que, tendo suas limitações embora, é muito mais sutil – forçoso é reconhecê-lo – que o figurativismo de Apollinaire. Ao passo que a receita do autor de *Calligrammes,* aplicada ao poema citado de cummings, implicaria uma solução como dispor as palavras de modo a formar estrelas, já cummings obtém um efeito muito mais impressivo fazendo uma letra maiúscula movimentar-se dentro das palavras *bright* (brIght, bRright, Bright, briGht), *yes* (yeS, yEs, Yes) e *who* (wHo, whO, Who), a fim de conseguir simbolicamente uma expressão visual do movimento e do brilho estelar.

O "micro-macrocosmo" joyciano, a atingir o seu ápice no *Finnegans Wake*, é outro altíssimo exemplo do problema que vimos expondo. O implacável romance-poema de Joyce realiza também, e de maneira especial, a proeza da estrutura. Aqui o contraponto é perene, o ideograma é obtido através de sobreimpressões de palavras, verdadeiras fotomontagens léxicas; a infraestrutura geral é "um desenho circular, onde cada parte é começo, meio e fim"[1]. O esquema circular é o grande elo que vai ligar Joyce a Mallarmé. Muito se aproxima o "ciclo mallarmeano" do ciclo de Vico reinventado por Joyce para o *Finnegans Wake*. O denominador comum, segundo Robert Grèer Cohn, para quem *Un Coup de Dés* teria mais em comum com *Finnegans Wake* do que qualquer outra criação literária, seria o esquema: unidade, dualidade, multiplicidade e novamente unidade. Expressão evidente, a uma simples primeira vista, dessa estrutura circular é o fato de a frase inicial do *Finnegans Wake* ser a continuação da última, e de que as derradeiras palavras do poema de Mallarmé são também as primeiras: "Toute pensée émet *un coup de dés*.

Não deixa de ser assinalável que um jovem músico de vanguarda, Michel Fano, procurando situar a posição dos mais recentes desenvolvimentos musicais perante as outras artes, escreva[2]:

> "Aujourd'hui, comme nous constatons à l'intérieur des disciplines plastiques une propension à l'expression *fonction-de-la-durée* (mobiles de Calder), un éclatement se produit, dans le sens opposé, avec la recherche de structures brisant le traditionnel sens de déroulement de la durée.
>
> S'il est évident que la durée est nécessaire à la *communication* il est non moins certain qu'elle n'est plus concevable actuellement comme support d'un vecteur de développement.

---

1. Joseph Campbell and Henry Morton Robinson, *A Skeleton Key to "Finnegans Wake"*, Londres, Faber & Faber, 1947.
2. Michel Fano, *Pouvoirs Transmis,* in "Cahiers de la Compagnie M. Renaud – Jean Louis Barrault" (*La Musique et ses Problèmes Contemporains*), Cahier III, Juillard, 1954.

Joyce et cummings ont puissamment élucidé les conséquences littéraires de cette notion réalisant une totalité de la signification dans l'instant, provoquant la nécessité d'une appréhension totale de l'oeuvre pour la compréhension d'une de ses parties, rejoignant là le principe gestaltien qu'on ne peut s'empêcher d'évoquer lorsqu'il s'agit de concept sériel."

Essas considerações, que vêm ao encontro das ideias aqui expendidas, têm para nós o valor de confronto e confirmação de um ponto de vista. Apenas, acrescentaríamos aos nomes citados por Fano a presença irretorquível das realizações de Mallarmé (*Un Coup de Dés*) e Ezra Pound.

A verdade é que as "subdivisões prismáticas da Ideia" de Mallarmé, o método ideogrâmico de Pound, a simultaneidade joyciana e a mímica verbal de cummings convergem para um novo conceito de composição – uma ciência de arquétipos e estruturas; para um novo conceito de forma – uma ORGANOFORMA – onde noções tradicionais como início, meio, fim, silogismo, tendem a desaparecer diante da ideia poético--gestaltiana, poético-musical, poético-ideogrâmica de ESTRUTURA.

Lance de olhos sobre Um Lance de Dados*
Haroldo de Campos

O poema de Mallarmé – *Um Lance de Dados* ("Un Coup de Dés", 1897) – não se presta a fragmentações. Seu coeso sistema de relações, desenvolvendo-se num horizonte probabilístico ("cette conjonction suprême avec la probabilité"), através de formas verbais condicionalizantes e de futuros hipotéticos, de ablativos absolutos e de gerúndios, vertebrado pelo eixo epistemológico – *Un Coup de Dés Jamais N'Abolira le Hasard* (a que a frase final, "Toute Pensée émet un Coup de Dés", confere reversibilidade, *da capo*, rearmando o problema *ad infinitum*; a que, ainda, simultaneamente, a "constelação" redargúi, num ricochete dialético, acenando com a abolição do acaso através da obra, "compte total en formation") –, é dos que mais dificilmente se prestariam a amostras inteligíveis de per si. A tentativa de amostragem que fazemos tem, portanto, uma única justificativa: incitar. Despertar no eventual leitor a vocação para o texto original, na sua armadura completa, "spectacle idéographique d'une crise ou aventure intellectuelle", como exclamou Valéry (*Variété*, II), marco decisivo duma evolução crítica de formas na poética de nosso tempo.

O primeiro fragmento-ramificação do poema (não o considere o leitor como algo estático, fechado, mas como uma obra aberta, em movimento, em *équilibre instable* na expressão de Claudel) introduz o tema-alusão Hamlet: a "pluma solitária perdida", presa ao "gorro de meia-noite" do "príncipe amargo do escolho", é, ao mesmo tempo, a pena do autor, instrumento da obra ("la penna di Amleto diventerà la penna della creazione, uno strumento di ricerca", – Cario Bo, *Mallarmé*). A dúvida hamletiana, que já fora a *folie utile* ("loucura útil"), em "Igitur", passa a

---

* Publicado originalmente no *Jornal de Letras,* Rio de Janeiro, agosto de 1958, p. 5. Incluía uma primeira versão dos dois fragmentos do poema comentados no texto.

coincidir com o lance de dados da criação. Hamlet, "la pièce que je crois celle par excellence" (Mallarmé, "Hamlet", Oeuvres Complètes, Pleiade, p. 299), postula "le suspens d'un acte inachevé" (*idem*, p. 300; ver também Gardner Davies, *Vers une explication rationnelle du Coup de Dés*), o que toca o cerne da construção poemática mallarmaica. Marcado pela brancura rígida da pluma, em contraste com o céu, o herói do poema opõe ao número absoluto a sua pequena razão viril – que, num certo nível, a própria pluma simboliza – relâmpago.

Notar, também, que a disposição geral deste fragmento compõe sutilmente, de maneira mais topológica do que pela imposição definida de uma pictografia exterior – imposição que ocorre na maioria dos caligramas de Apollinaire – o ideograma-figuração de um gorro (bloco à direita de quem lê) ornado de uma pluma (linha isolada "pluma solitária perdida", na página à esquerda do leitor, onde predomina o branco; linha esta que parece prender-se ao corpo gráfico mais compacto do "gorro" pelo elo da palavra "salvo", próxima à dobra-divisora-de-águas da página). "… le rythme d'une phrase au sujet d'un acte ou même d'un objet n'a du sens que s'il les imite et, figuré sur le papier, repris par la lettre à l'estampe originelle, n'en sait rendre, malgré tout, quelque chose" (Mallarmé, carta a Gide, 1897, após a primeira impressão "do poema na revista *Cosmopolis*, e a propósito de uma segunda impressão, mais perfeita, em curso). Augusto de Campos, em "Pontos. Periferia. Poesia Concreta" (1956), já deixou traçada a distinção entre o pensamento visual de Mallarmé e a ideia caligrâmica de Apollinaire: "É certo que se pode indagar aqui do valor sugestivo de uma relação fisiognômica entre as palavras e o objeto por elas representado, à qual o próprio Mallarmé não teria sido indiferente. Mas ainda assim, cumpre fazer uma distinção qualitativa. No poema de Mallarmé as miragens gráficas do naufrágio e da constelação se insinuam tênue, naturalmente, com a mesma naturalidade e discrição com que apenas dois traços podem configurar o ideograma chinês para a palavra *homem*. (…) Já em Apollinaire a estrutura é evidentemente imposta ao poema, exterior às palavras, que tomam a forma do recipiente, mas não são alteradas por ele".

Realmente, se remontarmos do fragmento isolado para o desenho geral do *Un Coup de Dés*, não encontraremos melhor descrição do efeito óptico da *langage mathématique* professada por Mallarmé (*op. cit.*, p. 851) do que a oferecida por Marcel Raymond, *De Baudelaire au Surréalisme*: "le poème se dessine alors avec l'élégance d'une épure, d'une fonction mathématique"; descrição que pode ser cotejada com as palavras do próprio poeta em carta a V. E. Michelet: "… il me serait difficile de concevoir quelque chose ou de la suivre sans couvrir le papier de géométrie où se réfléchit le mécanisme évident de ma pensée". E pensaremos também nos mobiles de Calder, vigendo em perpétua dialética, na qual o ar faz as vezes de silêncio-branco-da-página. Ou nessas versões visuais de fórmulas algébricas, contemporâneas da obra de Mallarmé (Carola Giedion-Welcker, no seu *Plastik des XX. Jahrhunderts,* p. 143, nos dá a reprodução de uma "optische Darstellung einer algebraischen Formel", de H. Henrici, Londres, Science Muséum, 1876), *Raummodelle* aos quais Max Bill ("Die mathematische Denkweise in der Kunst unserer Zeit") confere importância análoga, para uma nova pesquisa de formas, à que o descobrimento da escultura negra teve para os cubistas. Ainda dentro da comparação, veja-se um exemplo do próprio Max Bill, desenvolvido no plano – nanquim sobre cartão – "Konstruktion auf der Formel $a^2 + b^2 = c^2$", de 1937 (cf. Tomás Maldonado, *Max Bill,* p. 46).

Nota-instigação: Joyce conjuga Hamlet e Mallarmé no episódio do diálogo na Biblioteca Nacional de Dublin, do *Ulysses* ("Scylla and Charybdis", segundo o organograma famoso de Stuart Gilbert). Mallarmé é tratado como um decadentista ("France produces the finest flower of corruption in Mallarmé"), e o "French point of view" sobre Hamlet ("Hamlet ou le Distrait / Pièce de Shakespeare"), introduzido por uma citação de Mallarmé ("il se promène, lisant au livre de lui-même"), é ironizado por Stephen Dedalus, *persona* do autor: Hamlet, "the absentminded beggar". Stephen, com seu "agenbite of inwit" ("remordimento do imod'alma", – para tentarmos, numa paráfrase, reproduzir a aura arcaizante dessa expressão que, segundo Stuart Gilbert, é extraída duma obra inglesa do séc. XIV), tem muito em comum, porém, com o drama hamletiano: à p. 48 do *Ulysses,* ele se refere, mesmo, a seu chapéu de Hamlet ("a side-eye at my Hamlet hat"), o que lembra o "gorro de meia-noite" ("toque de minuit") do texto de Mallarmé. Por outro lado, após o trabalho de Robert Gréer Cohn, *L'Oeuvre de Mallarmé – "Un Coup de Dés",* e o de David Hayman, *Joyce et Mallarmé,* que desenvolveu as premissas levantadas pelo primeiro, as analogias entre o universo mallarmaico e o joyciano, em específico entre o *Un Coup de Dés* e o *Finnegans Wake,* tornaram-se patentes, tanto sob o aspecto estrutural, como sob o prisma de um parentesco de cosmovisão. Joyce – "Shem the Penman" (o "homem-pena", o escritor) – obcecado igualmente pela ideia da obra cosmogônica, total, tentou o seu "Culpo de Dido' (*Finnegans Wake,* p. 357; a identificação desta e de outras referências ao *Lance de Dados,* na obra máxima de Joyce, deve-se a David Hayman, *op. cit.,* vol. II, p. 112-113).

O segundo trecho escolhido é o final – *ricorso* – do poema: no branco da página, como no céu ficto de um planetário, a possibilidade de uma constelação se projeta, convergindo para o "cálculo total em formação", resultado provável do lance de dados, se este fosse, por hipótese, efetivado. A contradição dialética entre a afirmação axial de que "um lance de dados jamais abolirá o acaso" e o surgimento presumível da constelação (que envolve o próprio poema como forma nova e, portanto, disciplina controladora do acaso), já foi apontada por Maurice Blanchot: "Le hasard est sinon vaincu en cela, du moins attiré dans la rigueur de la parole et élevé à la ferme figure d'une forme où il s'enferme". É esta contradição crítica que fecunda o poema e recoloca os termos do problema – "symphonique équation" (Mallarmé, *op. cit.*, p. 646) – como um "xadrez de estrelas" (para tomarmos de empréstimo a imagem barroca de Vieira), perpetua-mente em progresso. A procura do absoluto, fadada por definição à falência, entrevê um êxito possível na conquista relativa sancionada por um *talvez*: a obra-constelação, evento humano, experiência viva e vivificante – véspera de um novo lance ("Toute Pensée émet un Coup de Dés").

Do ponto de vista de uma teoria da composição, a consequência duma tal hermenêutica do *Un Coup de Dés* não seria a abolição do acaso, mas a sua incorporação, como termo ativo, ao processo criativo. Realmente, um racionalismo da composição, como o postulado por Edgar Allan Poe, e mais tarde por Mallarmé, não implica, afinal, a elisão do acaso (desejo de absoluto que, se esboçado, é cerceado logo à altura de um *jamais*), mas, sim, a disciplinação deste. A inteligência ordenadora delimita o campo de escolha; o feixe de possibilidades é engendrado pelas próprias necessidades da estrutura poemática pensada: a opção criadora significa liberdade de escolha, mas também – e sobretudo – liberdade vigiada por uma consciência seletiva e crítica. Isto queria dizer Décio Pignatari ("Nova poesia: concreta", 1956), quando escreveu: "Renunciando à disputa do absoluto, ficamos no campo magnético do relativo perene A cronomicrometragem do acaso…" Este o roteiro dum racionalismo construtivo – sensível, não científico, pois labora sobre os dados da sensibilidade (no mesmo sentido poderíamos falar de uma geometria do olho) – que traçamos em "Da fenomenologia da composição à matemática da composição" (1957)[1]. Esta tentativa de derivar uma estética contemporaneamente atuante da obra de Mallarmé pode adotar como lema as palavras de Grèer Cohn: "Si l'antirationalisme peut être

---

1. Os artigos citados, de Décio Pignatari e Haroldo de Campos respectivamente, encontram-se na coletânea *Teoria da Poesia Concreta* (São Paulo, Edições Invenção, 1965, p. 39-41 e 91-93).

temporairement utile comme préjugé créateur, il est inhumain en tant que doctrine théorique à longue portée, pour tout le monde, écrivains compris" (op. cit., p. 27, nota 18).

Voltando ao segundo exemplo apresentado, assinalemos que, no nível visual, a série gerundial *vigiando – duvidando – rolando – brilhando* e *meditando* –, completada pelas formas verbais *se deter* e *sagre*, fixa o gráfico estelar da constelação (Gardner Davies conta, nessas palavras-pontos-de-luz, as sete estrelas da Ursa Maior, "séptuor de emulações"; também os pontos negros na face branca dos dados que rolam são evocados, numa espécie de fusão cinematográfica de imagens). A "constelação" já vinha se escandindo desde o alto da página, de EXCETO a *um local* e de *em direção* (*vers*) a *Norte*.

Nota-instigação: Não teria sido por mera coincidência que, no *Doktor Faustus,* Thomas Mann tenha recorrido à ideia de "constelação" ("Die Konstellation"), para definir, pela boca de seu personagem Adrian Leverkühn, o princípio schoenberguiano da composição serial (*Reihenkomposition*). As afinidades da problemática da música moderna com o mundo mental mallarmaico encontram a mais cabal evidência na admiração que um jovem compositor da importância de Pierre Boulez devota ao *Un Coup de Dés* (quase todas as manifestações teóricas de Boulez revelam essa admiração; vejam-se, por exemplo: "Hommage à Webern", *Domaine Musical,* 1, 1954, p. 123-125; o recente "Aléa", *La Nouvelle NRF,* nov. 1957, p. 839-857).

Quanto à poesia, Eugen Gomringer, elegendo a constelação como categoria do novo fazer poético ("Von Vers zur Konstellation – Zweck und Form einer neuen Dichtung", *Spirale,* n.° 5, 1955; ver nossa tradução, "Do verso à constelação – função e forma de uma nova poesia", Suplemento do *Jornal do Brasil,* 17-3-57), e os poetas concretos brasileiros, por seu lado, concomitantemente, procurando assumir as consequências de uma tradição viva cujo quadrante é Mallarmé (*Un Coup de Dés*) – Pound – Joyce – cummings[2], são o indício de que, passado mais de meio século, *Um Lance de Dados* continua a ser o vetor para o future Palavras de Maurice Blanchot: "Devant ce poème, nous éprouvons combien les notions de livre, d'oeuvre et d'art répondent mal à toutes les possibilités à venir qui s'y dissimulent. La peinture nous fait souvent pressentir aujourd'hui que ce qu'elle cherche à créer, ses "productions" ne peuvent

---

2. No texto original, havia uma referência exemplificativa aos artigos "Poesia, Estrutura" e "Poema", Ideograma", de Augusto de Campos, *Diário de São Paulo,* 20 e 27-3-55; "Poesia e Paraíso Perdido" e "A Obra de Arte Aberta", de Haroldo de Campos, *idem,* 5-6 e 3-7-55. Todos foram incluídos na *Teoria da Poesia Concreta,* cit. Os dois primeiros encontram-se no presente Apêndice.

plus être des oeuvres, mais voudraient répondre à quelque chose pour lequel nous n'avons pas encore de nom. Il en est de même pour la littérature. Ce vers quoi nous allons n'est peut-être aucunement ce que l'avenir réel nous donnera. Mais ce vers quoi nous allons est pauvre et riche d'un avenir que nous ne devons pas figer dans la tradition de nos vieilles structures" (*Le Livre à venir*).

Caos e Ordem: Acaso e Constelação

Em fevereiro de 1893, escrevendo em Londres o prefácio à edição italiana do *Manifesto do Partido Comunista,* Engels se perguntava:

> A primeira nação capitalista foi a Itália. O fim da Idade Média feudal e o advento da era capitalista moderna são marcados por uma figura colossal: Dante, um italiano, simultaneamente o último poeta do Medievo e o primeiro dos tempos modernos. Hoje, como em torno de 1300, uma nova era histórica está prestes a se abrir. Será que a Itália haverá de nos dar um novo Dante, que anunciará o nascimento dessa nova era proletária? (Marx e Engels, 1954).

Cerca de dois anos antes, em março de 1891, Mallarmé escrevera a um seu correspondente:

> Creio que a literatura, retomada em sua fonte que é a Arte e a Ciência, nos fornecerá um Teatro, cujas representações serão o verdadeiro culto moderno; um Livro, explicação do homem (...) (Grèer-Cohn, 1951).

À pergunta de Engels, Mallarmé, levando a cabo o projeto de Livro que vinha acalentando, como que responderia com a publicação em 1897 do poema-constelar *Un Coup de Dés*[1]. Um poeta francês, não um italiano, assomava assim como o novo Dante: O Dante da Idade Industrial. Um poeta que, surgido num tempo que estava em "contraposição frontal" à Renascença e à sua "forma tradicional de livro", conseguira divisar e dar a público "a verdadeira imagem do vindouro", extraindo-a da "cons-

---

1. Ver "Um Relance de Dados", *supra* p. 115.

trução cristalina de sua escritura". Quem o diz é Walter Benjamin, que argumenta: "monadicamente, no mais íntimo recesso de seu estúdio", porém "em preestabelecida harmonia com todos os eventos decisivos de seu tempo na economia a na técnica", Mallarmé fora capaz de lançar as bases de uma "escrita icônica" (*Bildungs schrift*), uma escrita "de trânsito universal". Graças a ela:

> (...) os poetas renovarão sua autoridade na vida dos povos e assumirão um papel em comparação com o qual todas as aspirações de rejuvenescimento da retórica parecerão dessuetos devaneios góticos[2].

Hegel, já à sua época, prognosticara a "morte da arte", ou, mais exatamente, a sua obsolescência para o presente:

> O modo propriamente dito da produção artística (*Kunstproduktion*) e suas obras não preenche mais nossas necessidades mais altas (...). O pensamento e a reflexão superaram as belas artes (...). Os belos dias da arte grega, bem como a época de ouro da tarda Idade Média, são coisas do passado (...). Por essa razão, nosso presente, devido a suas condições gerais, não é propício para a arte (...). Sob todos esses aspectos, a arte, quanto à sua suprema determinação, é para nós algo que passou. (Hegel, 1970, 1979)[3].

Não obstante, o mesmo Hegel imaginara, ainda nas suas "Preleções sobre estética", na parte dedicada à poesia, a possibilidade/impossibilidade de uma "épica absoluta" (*absolutes Epos*), tendo por herói "o espírito do homem, o humano" (*der Menschengeist, der Humanus*) e por "ação universal" aquela desenrolada no "campo de batalha" (*Schlachtfelde*) onde esse *Humanus*, superando a fase de "obtusa escuridão (*Dumpfheit*) da consciência", seria capaz de, educando-se, "elevar-se à altura da História Universal" (*Weltgeschichte*). Ponderando que uma tal "matéria" (*Stoff*), em razão mesmo de sua universalidade, dificilmente se prestaria à arte, que se volta para o "individualizável", Hegel argumenta que esse "epos absoluto" careceria, desde logo, de um "pano de fundo" e de um "estado de mundo" (*Weltzustand*) que fossem "precisamente determinados" (ou seja: de um "local" para a ação, assim como de conteúdos para a narração, quais os fornecidos pelos usos, costumes, pelas convenções éticas, por

---

2. Walter Benjamin, *Vereidigter Bticherrevisor,* 1926 (Einbahnstrasse, 1926), ver texto "Uma Profecia de Walter Benjamin" *infra* p. 207.
3. Há diferenças de redação, no texto francês, baseado na edição alemã de 1835.

exemplo). Nenhuma outra base poderia ter essa épica absolutizada senão o "espírito do mundo" (*Weltgeist*), que não aparece sob uma "configuração especial" e que tem por cenário "a terra inteira". A única meta dessa épica seria, então, a "finalidade do espírito universal", que "só no pensamento (*nur in Denken*) pode ser apreendida e determinada em sua verdadeira significação". (Hegel, 1977)[4].

Uma tal "epopeia absoluta", Mallarmé, que não teria tomado conhecimento da filosofa de Hegel senão por intermédio de terceiros (Rancière)[5], intentou-a em 1897, noventa anos após a publicação da *Fenomenologia do Espírito* (1807). Tomou como tema de sua "escrita icônica", de seu livro – uma épica sintética de apenas 11 páginas, desenvolvidas à maneira de uma partitura – "assuntos da imaginação pura e complexa ou intelecto", entendendo que não haveria razão alguma para excluí-los da poesia, "única fonte". Nessa épica reduzida a um mínimo de ação, onde "nada terá tido lugar senão o lugar", o pensamento do *Humanus* (Le Maître), em luta com a casualidade e empenhando-se em aboli-la, emite um "lance de dados" sideral, que culmina na aparição subitânea (modulada por um "talvez") de uma figura estelar resgatada ao inabolível Acaso.

Hegel, no marco de seu tempo, considerava "tarefa da ciência reconhecer a necessidade (*Notwendigkeit*) oculta sob a aparência da casualidade (*Zufälligkeit*)" (Hegel, 1970). Em sua *Lógica*, o filósofo do "Espírito Absoluto" dá um tratamento dialético ao binômio Acaso/ Necessidade. Nos desdobramentos dessa dialética, podem-se encontrar formulações instigantes, como esta:

> (…) pois o casual (*das Zufällige*) é, em si mesmo, algo sem fundamento (*Grundlose*) a que, conservando-se, supera-se no abolir-se (*sich Aufhebende*).

Cabe notar que o verbo *aufheben*, característico da linguagem hegeliana, tem em alemão duas significações opostas: "abolir/suspender/superar" a "manter/preservar". Em última instância, nessa lógica de opostos reversíveis, "a casualidade" é também "necessidade absoluta" (*die Zufälligkeit ist absolute Notwendigkeit*) (Hegel, 1970).

Hegel morreu em novembro de 1831 (em março de 1832, morreria Goethe). Mais de meio século depois, em 1898, falece Mallarmé.

---

4. Na tradução francesa, vol. IV.
5. Não é a opinião de J. Hyppolite, como se verá adiante. Há indicação bibliográfica por exemplo de uma edição francesa das *Preleções sobre Estética* (*Cours d'Esthétique*, analisado e traduzido por Charles Bernard), publicado em cinco volumes entre 1840-1852.

Ilya Prigogine, um dos maiores cientistas contemporâneos, vê na filosofia hegeliana da natureza o mérito de ter oposto à "idealização newtoniana", ou seja, à "ideia de um universo estático descrito em termos de trajetórias determinadas", reducionista ao extremo, uma concepção dialética que, rejeitando a imagem da natureza como algo "fundamentalmente homogêneo e simples", valorizava a "diferença qualitativa". A natureza passava a ser integrada numa hierarquia ordenada em níveis de complexidade crescente. No seio dessa hierarquia, "cada nível é condicionado pelo precedente, que ele supera e cujas limitações nega, para, por seu turno, condicionar o nível seguinte, manifestando de maneira adequada, menos limitada, a ação do espírito na natureza." (Prigogine e Stengers, 1979 a 1984). Mas, ao fim e ao cabo, convém repetir, Hegel proclamava "a fé racional (*vernünftiger Glaube*) de que o acaso (*Zufall*) não rege as coisas humanas" (Hegel, 1970).

Entre a morte de Hegel e a de Mallarmé, eventos extremamente importantes se deram na história da ciência. Assinalarei brevemente alguns, especialmente relevantes para o meu tema.

Em 1850, com a retomada, por Clausius, do chamado "ciclo de Carnot", nasce a termodinâmica. Em 1865, a "tendência à degradação universal da energia mecânica", posta de manifesto através da reinterpretação de Carnot por Clausius, é por este último definida em termos de entropia sempre crescente: *Die Entropie der Welt strebt einem Maximum* ("A entropia do mundo tende a um máximo"). Estava enunciada a segunda lei da termodinâmica (Prigogine e Stengers, 1979, 1984).

A essa altura intervém o cientista inglês J. C. Maxwell (1831-1879), "considerado por muitos como o maior físico desde o tempo de Newton até o surgimento de Einstein"[6]. A Maxwell pode ser atribuído o feito de ter "exorcizado o demônio de Laplace". Este grande físico, astrônomo e matemático francês, levando às últimas consequências o "determinismo científico", supôs a "aplicabilidade universal da mecânica newtoniana a todos os fenômenos". Imaginou, em 1814, para explicar sua concepção, uma inteligência:

> (...) vasta o suficiente para submeter seus dados à análise, (que) conjugaria na mesma fórmula os movimentos dos maiores corpos do universo e aquele do mais leve átomo; nada seria incerto para ela, e o porvir, como o passado, estaria presente a seus olhos (...)

---

6. A partir deste ponto, louvo-me no ensaio de Carlos B. Guisard Khoehler, "Maxwell e a Exorcização do Demônio de Laplace" (Silveira, Moreira, Martins a Fuks, 1995)

Essa entidade ficta tornou-se conhecida como o "demônio de Laplace". Maxwell, em 1873, conjurou esse demo determinista, onisciente, pondo a nu a "metafísica subliminar" que pesava sobre os pressupostos laplacianos.

Por seu turno, Maxwell introduziu, nos debates científicos de seu tempo, uma outra entidade fictiva, celebrizada sob o nome de "demônio de Maxwell".

Recorro agora a Norbert Wiener. Expõe o autor de *Cybernetics* (Wiener, 1970):

> Uma ideia muito importante na mecânica estatística é a do demônio de Maxwell. Suponhamos um gás no qual as partículas se movem em círculo, com uma distribuição de velocidade em equilíbrio estatístico para uma dada temperatura. Para um gás perfeito, esta é a distribuição de Maxwell. Seja este gás contido em um recipiente rígido atravessado por uma parede, contendo uma abertura fechada por uma pequena porta, operada por um porteiro, ou um demônio antropomórfico ou um mecanismo de precisão. Quando uma partícula de velocidade maior que a média se aproxima da porta pelo compartimento A, ou uma partícula de velocidade menor do que a da média se aproxima da porta pelo compartimento B, o porteiro abre a porta, e a partícula a transpõe; mas, quando uma partícula de velocidade menor do que a média se aproxima pelo compartimento A ou uma partícula de velocidade maior do que a média se aproxima pelo compartimento B, a porta é fechada. Neste sentido, a concentração de partículas de alta velocidade aumenta no compartimento B e decresce no compartimento A. Isso produz um aparente decréscimo na entropia (…)

"Para que o demônio de Maxwell atue" – prossegue Wiener – "deve receber informações de partículas que se aproximam, quanto à sua velocidade a ao ponto de impacto na parede". Essa informação ("entropia-negativa") deve ser "transportada por algum processo físico, digamos, alguma forma de radiação". Aqui Wiener sublinha que a ficção demoníaca hipoteticamente engendrada por Maxwell, numa dada altura, acabaria por perder sua virtude de suspensão da entropia:

> A longo prazo, o demônio de Maxwell está por si próprio sujeito a um movimento ao acaso correspondente à temperatura de seu meio e, como afirma Leibniz a respeito de algumas de suas mônadas, recebe um grande número de pequenas impressões, até cair numa certa vertigem, e ficar incapacitado de claras percepções. De fato, cessa de atuar como um demônio de Maxwell.

E o criador da "Cibernética" expõe, em conclusão:

> No entanto, pode haver um intervalo de tempo completamente apreciável antes do demônio ser descondicionado, e é possível prolongar este tempo de tal maneira que podemos falar de uma fase ativa do demônio como metastável. Não há razão para supor que demônios metastáveis não existam de fato; na verdade, pode muito bem acontecer que as enzimas sejam demônios metastáveis de Maxwell, a entropia decrescendo, talvez não pela separação entre partículas rápidas a lentas, mas devido a algum outro processo equivalente. Podemos encarar perfeitamente os organismos vivos, tais como o próprio Homem, sob esta luz. Certamente, a enzima e o organismo vivo são metastáveis análogos: o estado estável de uma enzima deve ser descondicionado, e o estado estável de um organismo vivo deve ser morto.

A conexão providencial, relacionando tudo o que ficou até aqui exposto, vamos encontrá-la num ensaio de 1958, "Le coup de dés de Stéphane Mallarmé et le message", de Jean Hyppolite, tradutor e estudioso de Hegel.[7] (Hyppolite). Hyppolite, para quem Mallarmé "certamente não ignorava a *Lógica* de Hegel", faz uma analogia entre o "Livro mallarmaico" e o que chama "a mensagem absoluta":

> Imaginemos a Lógica de Hegel transformada na discussão de si própria, inseparável de sua existência, e se empenhando todavia em refutar ela própria o acaso e substituí-lo por uma necessidade intrínseca: teremos assim uma ideia da tentativa mallarmeana.

Entendendo que "a mensagem de Mallarmé é aquilo que os modernos teóricos da informação opõem à entropia", o filósofo francês prossegue:

> Como o organismo vivo a os catalisadores, o demônio de Maxwell poderia (...) retardar a queda no equilíbrio estável ou morte, mas este retardamento, que é uma aquisição de informação, é singular e ameaçador. A informação ascende por um declive, mas o declive é fatal.

E introduz assim uma comparação entre o "ulterior demônio imemorial", imaginado por Mallarmé, independentemente de Maxwell, no *Coup de dés*, e o "ator artificial" ideado pelo físico britânico. Em Mallarmé haveria,

---

[7]. Jean Hyppolite, "O Lance de Dados de Stéphane Mallarmé e a Mensagem", texto por mim traduzido a apresentado em Epstein (1973).

a mais, uma "dimensão de memória", um "estranho apelo recíproco do futuro e do passado", um *ulterior* e um *originário*, "que talvez predigam o caráter singular dessa mensagem poética ou filosófica no confronto com aquilo que a cibernética moderna denomina mensagem". E o filósofo acrescenta que a mensagem em Mallarmé seria "um possível impossível": surge sob o risco permanente de se engolfar no abismo.

De fato, na épica mallarmeana, desubicada (sem lugar) e sem conteúdo diegético propriamente dito, a ação se concentra na "conjunção suprema com a probabilidade", na circunstância do jogo de dados, em que o *Humanus* (Le Maître) enfrenta o Acaso no tabuleiro do Universo. Se o acaso jamais pode ser abolido, poderá – quem sabe? – suspender-se repentinamente, deixando que dele se resgate uma ordem, ainda que fugaz, o desenho de uma constelação (a obra, culminação do ato extremo do *Humanus?*). Ao contrário do que ocorre em Hegel, o pêndulo do verbo *aufheben* não se inclina para o determinismo total que absorve o Acaso na Necessidade, abolindo-o; oscila, por um momento, no sentido da probabilidade, de uma suspensão provisória que enseja a surpresa de uma ordem, simbolizada na figura constelar do final do poema. Insinua-se no texto mallarmaico uma suspeita de indeterminismo. Tem razão Hyppolite: o demônio que assombra o poeta francês não é o de Laplace, mas o de Maxwell.

Nesse sentido, Mallarmé parece prefigurar os desenvolvimentos mais recentes da ciência, ainda que Einstein, o genial teórico da relatividade, afirmasse que "Deus não joga dados" (…) Para Prigogine, que recebeu em 1977 o prêmio Nobel de Química por suas contribuições à termodinâmica do não-equilíbrio, o fenômeno "vida" é explicável através de certas "singularidades aleatórias", nas quais "a dissipação de energia e de matéria, fato geralmente associado às ideias de perda de rendimento e de evolução para a desordem, torna-se, longe do equilíbrio, fonte de ordem". Tais configurações singulares, a não obstante "naturais", tão naturais "como a queda dos corpos" (lei da gravidade), constituem o que o cientista chama "estruturas dissipativas", das quais são paradigmas as "enzimas" (exemplo, dado por Wiener, dos "demônios metaestáveis de Maxwell", assim como, em geral, "os organismos vivos", o homem desde logo). Prigogine, referindo-se ao "texto genético", fala da "tradução" da informação contida no ácido nucléico em "proteínas enzimáticas", que, por seu turno, constituem "um verdadeiro dispositivo conservador do acaso:

> São as enzimas que, por um breve lapso de tempo, retardam a morte e, no milagre estatístico da organização microscópica, traduzem a sucessão de milagres estatísticos de que elas resultam (Prigogine e Stengers, 1979, 1984).

E aqui sou levado a recordar os versos de Manuel Bandeira:

> A vida é um milagre.
> Cada flor,
> Com sua forma, sua cor, seu aroma,
> Cada flor é um milagre.
> Cada pássaro,
> Com sua plumagem, seu voo, seu canto,
> Cada pássaro é um milagre.
> A memória é um milagre.
> A consciência é um milagre.
> Tudo é milagre.
> Tudo, menos a morte.
> – Bendita a morte, que é o fim de todos os milagres.

versos do poema "Preparação para a morte", que parecem um comentário irônico às verificações científicas de Wiener e Prigogine (Campos, 92).

Charles Sanders Peirce (1839-1914), o fundador da semiótica, tinha cerca de 58 anos de idade quando o poema de Mallarmé foi estampado na revista parisiense *Cosmopolis*. Peirce, que dele nunca teve ocasião de tomar conhecimento, era, no entanto, um admirador de E. A. Poe, mestre de Baudelaire a de Mallarmé. Filósofo de formação científica, a par dos mais recentes desenvolvimentos da ciência de seu tempo (ao resumi--los, assinala a importância das pesquisas de Maxwell para a teoria dos gases) (Peirce, 1965)[8], Peirce deu ao Acaso relevo fundamental em seu pensamento. "A conclusão que Peirce extraiu de seu exame do determinismo é que a indeterminação, ou, como ele a chama, o acaso (*Chance*), deve ser considerado um ingrediente real da natureza, assim como a lei" (Tureley, 1977). À sua concepção filosófica, Peirce deu o nome de "tiquismo" (termo extraído do grego Tykhê, "acaso") – "acasismo", "casualismo", como também se poderia dizer. Procura, assim, dar conta da "ineliminabilidade do acaso" (Bosco, 1981). Por outro lado, propõe a doutrina do "falibilismo", segundo a qual "nosso conhecimento nunca é absoluto, flutua (*swims*) num *continuum* de incerteza a determinação" (CP 1.171), o que põe sob o signo da provisoriedade toda ciência positiva. Retomando os pré-socráticos, escreve: "Para os antigos, estranho seria considerar que não havia acaso" (CP 1.403)[9]. Define o tiquismo como "a doutrina

---

8. CP 6.297. As citações sucessivas adotarão a sigla abreviada CP seguida do n. do volume e página.
9. Para um estudo detido da concepção mallarmaica do acaso em relação à dos pré-socráticos. consulte-se o importante livro de J. D. Garcia Bacca. *Parménides/Mallarmé. Necesidad* y *Azar,* Barcelona. Anthropos, 1985. O livro inclui uma minuciosa análise do *Un Coup de Dés*.

segundo a qual o acaso absoluto (*absolute chance*) é um fator do universo" (CP 6.201)[10]. Sua posição quanto ao determinismo é clara:

> É evidente, por exemplo, que não temos razão para pensar que todos os fenômenos, em seus mínimos detalhes, sejam precisamente determinados pela lei. Vê-se que há um elemento arbitrário no universo, a saber, sua variedade. Essa variedade deve ser atribuída a alguma forma de espontaneidade (CP 6.30).

Embora reconheça que, muito do que há de verdadeiro em Hegel, sob a forma de "secreto lampejo" (*darkling glimmer*), são pressentimentos que a ciência confirmava, nega o racionalismo triunfante do filósofo do "Espírito Absoluto", que absorve o acaso na necessidade (CP 6.31; 5.79; 5.71).

Peirce, como Hegel, era um amante de tríades. Na tripartição de suas categorias, o acaso (*chance*) se inclui na da "primeiridade": *Chance is first*. Ou ainda: "Variedade é arbitrariedade" e a arbitrariedade "tem como seu principal componente a concepção de Primeiro" (CP 6.32).

À "primeiridade" também tende, por seu aspecto icônico, o "signo estético", a obra de arte. O que não quer dizer que a obra artística deva ser reduzida à "primeiridade". Com razão observa Lúcia Santaella que a obra de arte, do ponto de vista categorial, é antes um signo "misto". E lembra uma passagem dos manuscritos peircianos onde o grande filósofo norte-americano, referindo-se à "qualidade estética", vista como "impressão total inanalisável de uma razoabilidade que se expressa numa criação", escreve:

> É um puro Sentimento, mas é um sentimento que é a impressão de uma Razoabilidade que Cria. E uma Primeiridade que realmente pertence à Terceiridade na sua realização da Secundidade (cf. Santaella, 1994).

Acaso e Ordem, liberdade e lei, sensibilidade e razão se dialetizam na ocasião concreta da obra de arte, verbal ou não-verbal, como se conjugados por um *intelletto d'amore* (Dante), uma sensibilidade pensante (Fernando Pessoa). A "constelação" se deixa resgatar do acaso sideral como o cosmo do caos; qual a vida, inscrita no código nucléico do *Humanus*, enquanto dure (e ela se reproduz e se prolonga), é resgatada da fatalidade da morte entrópica. Erwin Schrödinger, físico apaixonado pela biologia, observa que um organismo vivo tem o "assombroso dom de

---

10. Para Ivo Assad Ibri, que se deteve nestes aspectos do pensamento de Peirce, Peirce teria dado ao indeterminismo e ao acaso um estatuto "ontológico". Conferir *Kósmos Noêtós* (A Arquitetura Metafísica de Charles S. Peirce), São Paulo, Perspectiva, 1992.

concentrar uma corrente de ordem em si mesmo e se livra assim de decair no caos atômico"[11].

Renunciando à tarefa impossível de abolir o Acaso, mas incorporando-o ao seu ato de compor sob a forma provisória de uma "constelação" – "estrutura dissipativa" que, como a vida, vige por sua mesma efemeridade, Mallarmé que, em 1866, deixou escrito:

> Pude, graças a uma grande sensibilidade, compreender a correlação íntima da Poesia com o Universo, a para que ela fosse pura, concebi o projeto de resgatá-la do sonho a do acaso a de justapô-la à concepção do Universo[12],

propunha-se, assim, retomar a literatura "em sua fonte, que é a Arte e a Ciência". Parece, nesse sentido, ter prefigurado a "nova aliança", propugnada por Prigogine (aliás um admirador do "pioneirismo" da filosofia peirciana) (Santaella, 1992). Nessa "nova aliança", que sucede à visão, hoje perempta, de um "mundo concluso, estático a harmonioso"; na qual é admitida a possibilidade de "singularidades aleatórias", de um "tempo termodinâmico", de processos "irreversíveis", a natureza passa a demandar uma "escuta poética" por parte do cientista, já que "a atividade humana, inovativa e criadora, não é estranha a ela" (Prigogine 1984, 1996).

Isto Mallarmé parece ter vislumbrado ao jogar os dados de seu Magno Poema. Disso teria tido talvez uma fulgurante premonição Heráclito, o Obscuro (Skoteinós), no fragmento 124 B:

eikê kekhyménon ho kállistos kósmos

que Emanuel Carneiro Leão traduz: "De coisas lançadas ao acaso, o arranjo mais belo, o cosmo"[13], a para o qual propus duas "transcrições" complementares:

> *ho kállistos kósmos*
> varredura do acaso   belo
>
> cosmos

---

11. Erwin Schrödinger, cit. por James Gleick, *Caos* (tradução espanhola), Barcelona, Seix Barral, 1994.
12. Carta (de Mallarmé) a Villiers de l'Isle-Adam. In: Gardner Davies, *Vers une explication rationnelle du Coup de Dés*, Paris, J. Corti, 1953.
13. *Die Fragmente des Heraklit* (edição de Bruno Snell), Tübingen, Ernst Heimeran Verlag (Tusculum-Buch), 1944; Heráclito, *Fragmentos* (edição Emmanuel Carneiro Leão), Rio de Janeiro, Tempo Brasileiro, 1980.

ou: *caleidocosmos*
lixo (luxo) do acaso   cosmos.
(Campos 1992; Bollack e Wismann 1972)[14].

BIBLIOGRAFIA

Bollack, Jean e Wismann, Heinz. *Heraclite ou la séparation*. Paris: Minuit, 1972.
Bosco, Nynfa. "Verbete Peirce". In: *Enciclopédia Garzanti di Filosofia*: Milão, 1981.
Campos, H. *Os Melhores Poemas de Haroldo de Campos*. São Paulo: Global, 1992.
_____. "Bandeira, o Desconstelizador". In: *Metalinguagem e outras Metas*. São Paulo: Perspectiva. 1992.
Gleick, Janes. *Caos*. Barcelona: Seix Barral, 1994.
Grèen-Cohn, R. *L'Oeuvre de Mallarmé "Un coup de dés"*. Paris: Librairie Les Lettres, 1951.
Hegel, G. W. F. *Vorlesungen liber die Aesthetik, I*, werke 13. Frankfurt: Suhrkamp Verlag, 1970.
_____. *Esthétique*, trad. S. Jankélévitch, vol. I. Paris: Flammarion, 1979.
_____. *Aesthetik III – Die Poésie*. Stuttgart: Reclam, 1977 (edição R. Bubner).
_____. *Vorlesungen iiber die Aesthetik, III*, vol. 13. Frankfurt: Suhrkamp, 1970.
_____. *Enzyklopädie der philosophischen Wissenschaft, I*, werke 8. Frankfurt: Suhrkamp Verlag, 1970.
_____. *Wissenschaft der Logik II*, werbe 6. Frankfurt: Suhrkamp Verlag, 1970.
_____. *Vorlesungen uber die Geschichte der Philosophie, I*, werke 18, Frankfurt, Suhrkamp Verlag, 1970.
Heráclito. *Fragmentos*. Rio de Janeiro: Tempo Brasileiro, 1980 (edição Emanuel Carneiro Leão).
Hyppolite, J. "O lance de dados de Stéphane Mallarmé e a mensagem". In: Epstein, I. (org.). *Cibernética e Comunicação*. São Paulo: Edusp/Cultrix, 1973.
Marx K. e Engels, F. *Sur la littérature et l'art*. Paris: Éditions Sociales, 1954.
Peirce, C. S. *Collected Papers*. Massachusetts: Cambridge, 1965.
Prigogine, I. e Stengers, I. *La nouvelle aliance / métamorphose de la science*. Paris: Gallimard, 1979.
_____. *A Nova Aliança*. Brasília: UnB, 1984.
Prigogine, I. *O Fim das Certezas*. São Paulo: Unesp, 1996.
Ranciere, J. *Mallarmé. La politique de la sirène*. Hachette: Évreux, 1996.
Santaella, Lúcia. *Estética de Platão a Peirce*. São Paulo: Experimento, 1994.
_____. *A Assinatura das Coisas*. Rio de Janeiro: Imago, 1992.
Silveira, A.M. de; Moreira, I. C; Martins, R. Cintra; Fuks, S. (orgs.) *Caos, Acaso a Determinismo*. Rio de Janeiro: UFRJ, 1995.
Snell, Bruno. *Die Fragmente des Heraklit*. Tübigen: Ernest Heimeran Verlag (Tusculum-Busch), 1944.
Tureley, P. T. *Peirce's cosmology*. New York: Philosophical Library, 1977.
Wiener, Norbert. *Cibernética*. Trad. Gita K. Guinsburg. São Paulo: Edusp/Cultrix, 1970.

---

14. H. Campos, "Heráclito Revisitado". In: *Os Melhores Poemas de Haroldo de Campos*, São Paulo, Global, 1992. Jean Bollack e Heinz Wismann. *Heraclite ou la séparation*, Paris, Minuit, 1972. Comentam a propósito deste fragmento: "Para Heráclito, a beleza emerge da desordem, da confusão (pêle-mêle)."

Uma profecia de Walter Benjamin

Nosso tempo está como que em contraposição frontal à Renascença, e especialmente em contraste com a conjuntura em que foi inventada a arte da imprensa. Casualidade ou não, o surgimento desta na Alemanha ocorre na época em que o livro, no sentido eminente do vocábulo, o Livro dos Livros na tradução da Bíblia por Lutero, torna-se um bem do domínio público.

Agora tudo indica que o livro, nessa forma tradicional, encaminha-se para o seu fim. Como se vislumbrando, no âmago da cristalina construção de sua escritura certamente tradicional, a vera imagem do vindouro, Mallarmé no COUP DE DÉS reelaborou pela primeira vez as tensões gráficas do reclame na figuração da escrita (*Schriftbild*). Posteriormente, os Dadaístas empreenderam a pesquisa da escrita, mas o seu ponto de partida não era a construtividade, e sim, antes, o acurado reagir dos nervos dos literatos. Por isso, a pesquisa dadaísta é muito menos consistente que a de Mallarmé, oriunda do que havia de mais intrínseco no estilo deste poeta. Fica, assim, patente a atualidade da descoberta, daquilo que Mallarmé, monadicamente, no mais íntimo recesso de seu estúdio, porém em preestabelecida harmonia com todos os eventos decisivos do seu tempo na economia e na técnica, deu à publicidade. A escrita, que tinha encontrado asilo no livro impresso, para onde carreara o seu destino autônomo, viu-se inexoravelmente lançada à rua, arrastada pelos reclames, submetida à brutal heteronomia do caos econômico. Eis o árduo currículo escolar de sua nova forma. Se ao longo de séculos, pouco a pouco, ela se foi deixando deitar ao chão, da ereta inscrição ao oblíquo manuscrito jazendo na escrivaninha, até finalmente acamar-se no livro impresso, ei-la agora que se reergue lentamente do solo. O jornal quase necessariamente é lido na vertical – em posição de sentido – e não na horizontal; filme e anúncio impõem à escrita a plena ditadura da verticalidade. E antes que um contemporâneo chegue a abrir um livro, terá desabado sobre os seus olhos um turbilhão tão denso de letras móveis, coloridas, litigantes, que as chances de seu adentramento no arcaico estilo do livro já estarão reduzidas a um mínimo. Nuvens de letras-gafanhotos, que já hoje obscurecem o sol do suposto espírito aos habitantes das metrópoles, tornar-se-ão cada vez mais espessas, com a sucessão dos anos. Outras demandas do mundo dos negócios assumem o comando. A cartoteca trouxe a conquista da escrita tridimensional, contraponto surpreendente à tridimensionalidade da escrita em suas origens, como runa ou grafia nodular. (E o livro, hoje, como o atual modo de produção científica o demonstra, já é um mediador antiquado entre dois diferentes sistemas de cartoteca. Pois tudo o que é essencial encontra-se no fichário do pesquisador, que o redigiu, e o intelectual, que o estuda, assimila-o à sua própria cartoteca.) Mas está fora de qualquer dúvida, – e isto não é imprevisível –, que o desenvolvimento da escrita não vai ficar *ad infinitum* vinculado às pretensões poderosas de um movimento caótico na ciência e na economia. Antes, chega o momento em que quantidade se transforma em qualidade, e a escrita, avançando cada vez mais fundo no domínio gráfico de sua nova e excêntrica figuralidade, conquista de súbito os seus adequados valores objetais (*Sachge halte*). Nesta escrita icônica (*Bilderschrift*), os poetas que, como nos primórdios, antes de mais nada e sobretudo, serão expertos da grafia (*Schriftkundige*), somente poderão colaborar se explorarem os domínios onde (sem muita celeuma) se perfaz sua construção: os do diagrama estatístico e técnico. Com a fundação de uma escrita de trânsito universal, os poetas renovarão sua autoridade na vida dos povos e assumirão um papel em comparação com o qual todas as aspirações de rejuvenescimento da retórica parecerão dessuetos devaneios góticos.

(*Vereidigter Bücherrevisor*/"Revisor de livros juramentado", 1926)

A máquina de escrever afastará da caneta a mão dos literatos, quando a exatidão das formas tipográficas introduzir-se imediatamente na concepção de seus livros. Presumivelmente far-se-ão necessários então novos sistemas, com formas de escritura mais variáveis. Eles colocarão a nervura dos dedos que comandam no lugar da mão cursiva da escrita habitual.

(De *Lehrmittel*, "Material didático", *idem*)

Tradução de Haroldo de Campos e Flávio Kothe
Fonte: *Einbahnstrasse*, 1928

Le Tombeau de Mallarmé

**Erthos Albino de Souza
Bahia 1972**

ALL AM

ALM

ALARM

ALARM

ILUSTRAÇÕES

Stéphane Mallarmé em 1878	7
Mallarmé por Maria Cecília M. de Barros	9
Retrato de Mallarmé por Whistler	18
Assinaturas de Mallarmé	30
O leque de Mme. Gravollet (Foto Giraudon)	78
Mallarmé caricaturado por Luque	82
Méry Laurent	83
"Ex-libris" de Manet para o Fauno	108
A sereia de Redon	114 e 148
Páginas do Coup de Dés (revista Cosmopolis)	116/117
Túmulo de Mallarmé em Samoreau (Foto D. Pignatari, 1969)	196
Haroldo de Campos fotografado por Carmen de Arruda Campos na casa-museu Mallarmé em Val vins (1994) na França	204

COLEÇÃO SIGNOS
(Últimos Lançamentos)

47. ESCREVIVER • José Lino Grünewald (José Guilherme Correa, org.)
48. ENTREMILÊNIOS • Haroldo de Campos
49. ANTÍGONE DE SÓFOCLES • Trajano Vieira
50. GUENÁDI AIGUI: SILÊNCIO E CLAMOR • Boris Scnhnaiderman e Jerusa Pires Ferreira (orgs.)
51. POETA POENTE • Affonso Ávila
52. LISÍSTRATA E TESMOFORIANTES DE ARISTÓFANES • Trajano Vieira
53. HEINE, HEIN? POETA DOS CONTRÁRIOS • André Vallias
54. PROFILOGRAMAS • Augusto de Campos
55. OS PERSAS DE ÉSQUILO • Trajano Vieira
56. OUTRO • Augusto de Campos

Este livro foi impresso na cidade de Cotia,
nas oficinas da Meta Brasil,
para a Editora Perspectiva.

UN COUP DE DÉS JAMAIS N'ABOLIRA LE HASARD

Esta separata faz parte integrante do livro *Mallarmé*, da coleção *Signos*.

UN COUP DE DÉS JAMAIS N'ABOLIRA LE HASARD
Stéphane Mallarmé

PRÉFACE

J'AIMERAIS qu'on ne lût pas cette Note ou que parcourue, même on l'oubliât; elle apprend, au Lecteur habile, peu de chose situé outre sa pénétration: mais, peut troubler l'ingénu devant appliquer un regard aux premiers mots du Poëme pour que de suivants, disposés comme ils sont, l'amènent aux derniers, le tout sans nouveauté qu'un espacement de la lecture. Les "blancs" en effet, assument l'importance, frappent d'abord; la versification en exigea, comme silence alentour, ordinairement, au point qu'un morceau, lyrique ou de peu de pieds, occupe, au milieu, le tiers environ du feuillet: je ne transgresse cette mesure, seulement la disperse. Le papier intervient chaque fois qu'une image, d'elle-même, cesse ou rentre, acceptant la succession d'autres et, comme il ne s'agit pas, ainsi que toujours, de traits sonores réguliers ou vers – plutôt, de subdivisions prismatiques de l'Idée, l'instant de paraître et que dure leur concours, dans quelque mise en scène spirituelle exacte, c'est à des places variables, près ou loin du fil conducteur latent, en raison de la vraisemblance, que s'impose le texte. L'avantage, si j'ai droit à le dire, littéraire, de cette distance copiée qui mentalement sépare des groupes de mots ou les mots entre eux, semble d'accélérer tantôt et de ralentir le mouvement, le scandant, l'intimant même selon une vision simultanée de la Page: celle-ci prise pour unité comme l'est autre part le Vers ou ligne parfaite. La fiction affleurera et se dissipera, vite, d'après la mobilité de l'écrit, autour des arrêts fragmentaires d'une phrase capitale dès le titre introduite et continuée. Tout se passe, par raccourci, en hypothèse; on évite le récit. Ajouter que de cet emploi à nu de la pensée avec retraits, prolongements, fuites, ou son dessin même, résulte, pour qui veut lire à haute voix, une partition. La différence des caractères d'imprimerie entre le motif prépondérant, un secondaire et d'adjacents, dicte son importance à l'émission orale et la portée, moyenne, en haut, en bas de page, notera que monte ou descend l'intonation. Seules certaines directions très hardies, des empiétements, etc., formant le contrepoint de cette prosodie, demeurent dans une oeuvre, qui manque de précédents, à l'état élémentaire: non que j'estime l'opportunité d'essais timides; mais il ne m'appartient pas, hormis une pagination spéciale ou de volume à moi, dans un Périodique, même valeureux, gracieux et invitant qu'il se montre aux belles libertés, d'agir par trop contrairement à l'usage. J'aurai, toutefois, indiqué du Poème ci-joint, mieux que l'esquisse, un "état" qui ne rompe pas de tous points avec la tradition; poussé sa présentation en maint sens aussi avant qu'elle n'offusque personne: suffisamment, pour ouvrir des yeux. Aujourd'hui ou sans présumer de l'avenir qui sortira d'ici, rien ou presque un art, reconnaissons aisément que la tentative participe, avec imprévu, de poursuites particulières et chères à notre temps, le vers libre et le poème en prose. Leur réunion s'accomplit sous une influence, je sais, étrangère, celle de la Musique entendue au concert; on en retrouve plusieurs moyens m'ayant semblé appartenir aux Lettres, je les reprends. Le genre, que c'en devienne un comme la symphonie, peu à peu, à côté du chant personnel, laisse intact l'antique vers, auquel je garde un culte et attribue l'empire de la passion et des rêveries; tandis que ce serait le cas de traiter, de préférence (ainsi qu'il suit) tels sujets d'imagination pure et complexe ou intellect: que ne reste aucune raison d'exclure de la Poésie – unique source.

UN COUP DE DÉS

JAMAIS

QUAND BIEN MÊME LANCÉ DANS DES CIRCONSTANCES

ÉTERNELLES

DU FOND D'UN NAUFRAGE

SOIT
　　que

　　　　　　l'Abîme

　　blanchi
　　　　étale
　　　　　　furieux
　　　　　　　　sous une inclinaison
　　　　　　　　　　plane désespérément

　　　　　　　　　　　　　　d'aile

　　　　　　　　　　　　la sienne
　　　　　　　　　　　　　　　　par

avance retombée d'un mal à dresser le vol
     et couvrant les jaillissements
         coupant au ras les bonds

   très à l'intérieur résume

l'ombre enfouie dans la profondeur par cette voile alternative

      jusqu'adapter
        à l'envergure

   sa béante profondeur en tant que la coque

     d'un bâtiment

   penché de l'un ou l'autre bord

LE MAÎTRE

  surgi
    inférant

         de cette conflagration

            que se

        comme on menace

      l'unique Nombre qui ne peut pas

              hésite
            cadavre par le bras
plutôt
  que de jouer
    en maniaque chenu
      la partie
     au nom des flots
             un

         naufrage cela

       hors d'anciens calculs
       où la manœuvre avec l'âge oubliée

             jadis il empoignait la barre

à ses pieds
         de l'horizon unanime

prépare
   s'agite et mêle
       au poing qui l'étreindrait
un destin et les vents

être un autre

        Esprit
           pour le jeter
               dans la tempête
                  en reployer la division et passer fier

écarté du secret qu'il détient

envahit le chef
coule en barbe soumise

direct de l'homme

    sans nef
       n'importe
             où vaine

ancestralement à n'ouvrir pas la main
        crispée
      par delà l'inutile tête

  legs en la disparition

      à quelqu'un
         ambigu

      l'ultérieur démon immémorial
ayant
    de contrées nulles
       induit
le vieillard vers cette conjonction suprême avec la probabilité

        celui
          son ombre puérile
caressée et polie et rendue et lavée
      assouplie par la vague et soustraite
     aux durs os perdus entre les ais

        né
         d'un ébat
la mer par l'aïeul tentant ou l'aïeul contre la mer
     une chance oiseuse

               Fiançailles
 dont
    le voile d'illusion rejailli leur hantise
   ainsi que le fantôme d'un geste

       chancellera
       s'affalera

        folie

N'ABOLIRA

COMME SI

Une insinuation

au silence

dans quelque proche

voltige

simple

enroulée avec ironie
    ou
      le mystère
         précipité
            hurlé

tourbillon d'hilarité et d'horreur

autour du gouffre
      sans le joncher
         ni fuir

    et en berce le vierge indice

              COMME SI

plume solitaire éperdue

sauf

que la rencontre ou l'effleure une toque de minuit
et immobilise
au velours chiffonné par un esclaffement sombre

cette blancheur rigide

dérisoire
                              en opposition au ciel
           trop
                pour ne pas marquer
                              exigülment
                                        quiconque

prince amer de l'écueil

s'en coiffe comme de l'héroïque
irrésistible mais contenu
par sa petite raison virile
                                       en foudre

soucieux
        expiatoire et pubère
                                              muet

            La lucide et seigneuriale aigrette
                    au front invisible
          scintille
                puis ombrage
       une stature mignonne ténébreuse
          en sa torsion de sirène

par d'impatientes squames ultimes

   rire

       que

     SI

de vertige

debout

  le temps
    de souffleter
bifurquées

    un roc

faux manoir
    tout de suite
      évaporé en brumes

      qui imposa
        une borne à linfini

C'ÉTAIT
issu stellatre

CE SERAIT
pire
                non
                        davantage ni moins
                                        indifféremment mais autant

LE NOMBRE

EXISTÂT-IL
autrement qu'hallucination éparse d'agonie

COMMENÇAT-IL ET CESSAT-IL
sourdant que nié et clos quand apparu
enfin
par quelque profusion répandue en rareté

SE CHIFFRÂT-IL

évidence de la somme pour peu qu'une
ILLUMINÂT-IL

LE HASARD

Choit
*   la plume*
*   rythmique suspens du sinistre*
*   s'ensevelir*
*   aux écumes originelles*
*   naguères d'où sursauta son délire jusqu'à une cime*
*   flétrie*
*   par la neutralité identique du gouffre*

RIEN

de la mémorable crise
ou se fût
l'événement

accompli en vue de tout résultat nul
                              humain

                N'AURA EU LIEU
                une élévation ordinaire verse l'absence

                                        QUE LE LIEU
inférieur clapotis quelconque comme pour disperser l'acte vide
                    abruptement qui sinon
                        par son mensonge
                            eût fondé
                            la perdition

dans ces parages
                    du vague
                                    en quoi toute réalité se dissout

EXCEPTÉ
      à l'altitude
           PEUT-ÊTRE
                aussi loin qu'un endroit

fusionne avec au delà

                              hors l'intérêt
                   quant à lui signalé
                                        en général
selon telle obliquité par telle déclivité
                                             de feux

        vers
             ce doit être
                    le Septentrion aussi Nord

                                     UNE CONSTELLATION

                 froide d'oubli et de désuétude
                              pas tant
                          qu'elle n'énumère
               sur quelque surface vacante et supérieure
                         le heurt successif
                                    sidéralement
                  d'un compte total en formation

veillant
        doutant
                roulant
                        brillant et méditant

                                avant de s'arrêter
                    à quelque point dernier qui le sacre

                    Toute Pensée émet un Coup de Dés